KB234594

# 나는 당근마켓으로 월 1,500만 원 번다

# 나는 당근마켓으로 월 1,500만 원 번다

**초판 1쇄 발행** 2025년 9월 3일
**초판 2쇄 발행** 2025년 9월 26일

**지은이** 일평사장(유연승)

**발행인** 장상진
**발행처** (주)경향비피
**등록번호** 제2012-000228호
**등록일자** 2012년 7월 2일

**주소** 서울시 영등포구 양평동 2가 37-1번지 동아프라임밸리 507-508호
**전화** 1644-5613 | **팩스** 02) 304-5613

©유연승

**ISBN** 978-89-6952-629-8 03320

·값은 표지에 있습니다.
·파본은 구입하신 서점에서 바꿔드립니다.

# 나는 당근마켓으로 월 1,500만 원 번다

일평사장(유연승) 지음

가게 없이, 브랜드 없이
소자본으로
수익 구조 만들기

경향BP

# 나는 당근마켓으로
# 아파트 2채를 샀다

저는 아내와 함께 종종 아파트 단지를 거닐며 "우리 정말 많이 성공했네.", "우리 정말 가난했지." 하고 과거를 회상하곤 합니다. 마치 거대한 성공을 이룬 사업가가 된 듯한 기분이 들거든요.

한 번은 아내에게 물었습니다.

"어떻게 31살에 파산한 남자와 결혼할 생각을 했어?"

아내는 이렇게 답했습니다.

"오빠는 항상 이루고 싶은 꿈을 벽에 적어 놨잖아. 그런 남자라면 믿을 수 있겠더라고…."

종교도 없는 제가 유일하게 믿는 마법 같은 법칙이 하나 있습니다. 바로 **'지금 내가 설정한 인생의 방향이 몇 년 후의 나를 완전히 바꿔 놓는다.'**는 사실

입니다. 마치 유람선의 방향이 아주 약간만 바뀌어도 전혀 다른 목적지에 도달하는 것처럼 말이죠.

저는 2020년에 완전히 망했던 적이 있습니다. 당장 카드값 낼 돈도 없어서 오피스텔 전세금을 빼고 아내와 함께 장판도 없는 지하방으로 가야 했습니다. 하지만 제 인생에서 가장 잘한 일은 파산했을 당시 초조함에 취업 앱을 들여다보는 대신 책상 앞에서 제 인생의 방향을 다시 설계해 본 것이었습니다.

파산 후 돈 버는 방법을 배우기 시작할 때부터 저는 카드값과 보험료 등 모든 지출을 처리한 후에 아내에게 나머지 돈을 전부 주었습니다. 그리고 아내에게 주는 돈의 액수를 늘리는 것을 일생일대의 목표로 삼으며 살아왔습니다. 처음에 장사를 시작했을 때는 50만 원씩 주다가 당근마켓을 만난

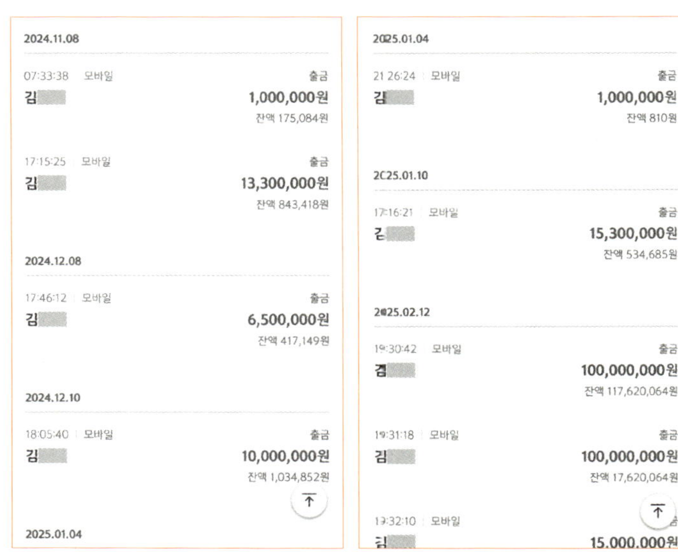

···→ **아내에게 입금한 내역**

이후부터는 차츰 200만 원, 500만 원, 그리고 지금은 1,500만 원씩 입금해 주고 있습니다.

제 아내는 그 돈을 차곡차곡 모아 인천 남동구 아파트 하나, 서울 강서구 아파트(갭투자) 하나를 매매했습니다. 서울에 아파트를 매매하고 얼마 지나지 않아 아이가 생겨 아이의 태명도 '서울이'라고 지었습니다.

이 책을 읽는 여러분은 아마 **'장사'**에 관심을 가지고 있거나 이미 그 길을 걷고 있는 분들일 것입니다. **온라인 장사는 포기하는 사람은 있어도 실패하는 사람은 없습니다.** 몇 년 혹은 인생의 대부분을 괴롭히는 오프라인 장사와 다른 점이라고 할 수 있습니다. 무엇보다 중요한 것은 **올바른 방법으로 포기하지 않고 꾸준히 나아가는 것**입니다.

이 책에 담긴 저의 당근마켓 필승법이 여러분의 장사 여정에 좋은 길라잡이가 되기를 바랍니다.

유연승

오전에는 용접, 저녁에는 배달을 하며 힘들게 공부하시다 결국 건강주스 대표님이 되신 30대 정현 사장님.

월 50만 원 벌려고 시작했다가 현재는 500만 원을 넘어 5,000만 원을 넘보고 있는 이든 어머님.

하루 10시간 주 6일 마트 트럭기사에서 당근마켓으로 성공해 하루 200만 원 매출을 올리는 제주도 사장님.

따님 이야기만 나오면 눈이 빨개지시는, 노점으로만 하루에 300만 원 넘게 수익을 내시는 영민 사장님.

초반에 1년 넘게 고생하시다 결국 성공하여 곡물 대표님이 되신 50대 엄성윤 사장님.

당근은 마법 같다며 부업으로 시작해 현재 1만 평 창고를 갖게 되신 과일 사장님.

고생하는 남편 조금이라도 쉬게 하고 싶다는 마음으로 시작해 지금은 억대 수익을 기대하시는 유림 사장님.

온라인 첫 성공을 당근으로 보고 오프라인 유통까지 성공하신 남경남 사장님.

당근에는 없던 밀키트를 제작해 대형마트 납품까지 성공하신 김민정 사장님.

속으로 무너져 가는 나를 지켜준 사랑하는 내 아내.

…

이 외에도 당근을 통해 저와 함께 성장해 오신 모든 사장님 덕분에 이 책이 나올 수 있었습니다.

진심으로 감사합니다.

**차 례**

**머리말** 나는 당근마켓으로 아파트 2채를 샀다     4

**감사의 글**     7


## 1장
# 내 인생을 바꾼 당근마켓 입점

### 1 토익 강사에서 당근마켓 셀러가 되다     14
쫄딱 망한 30대 중반 토익 강사 **14**

학원 강사에서 온라인 셀러가 되다 **17**

### 2 한 달 만에 확인한 당근마켓의 가능성     21
당근마켓을 시작하게 된 계기 **21** | 당근마켓을 향한 나의 2가지 목표 **24**

### 3 반려되면서 배우는 당근마켓 입점 기술     27
당근마켓 입점하기 **27** | 반려되었다고? "야호!"를 외쳐라 **37**

입점에 성공하는 전략 **39**

### 4 스토어 이름이 매출을 결정한다     45
세련된 이름? NO! 당근스러운 이름은? **45** | 사실 더 중요한 것은 시도하는 것이다 **48**

**성공 사례 1** 결혼 6개월 앞두고 퇴사한 셀러     50

## 2장
# 팔리는 구조를 만드는 당근마켓 실전 전략

**1 스토리로 파는 당근마켓 판매법**  54
당근마켓 자동화? 상품 직접 판매 62
내 쿠팡, 네이버 스마트스토어로 연결한다? 69

**2 당근마켓에 최적화된 3단계 판매 시스템**  72
당근마켓 장사의 단계 77

**3 단골 기능을 활용한 반복 구매 유도 전략**  84
단골의 장점 86
단골이 '만병통치약'은 아니다 95

**4 고객과 소통하며 관계를 쌓는 방법**  98
일평사장은 당근마켓에서 오프라인 장사를 한 번도 실패한 적이 없다 98
고객과 소통하는 장사의 필승법 101
온라인 셀러라면 꼭 알아야 할 핵심 포인트 104

**성공 사례 2** 월 50만 원 벌려고 시작했는데 500만 원 벌다  108

## 3장
# 당근마켓에서 통하는 상품을 고르는 기준

**1  대형 키워드를 잡아야 하는 이유** 112
대형 키워드의 기준 118

**2  지금 관심이 많은 시즌성(유행성) 상품** 124
당근마켓 마케팅은 '계곡에서 백숙 팔기'다 124
아파트 2채를 사 준 시즌성(유행성) 126
하지만 일평사장의 기준일 뿐이다 130

**3  찹쌀떡은 되고 휘낭시에는 안 되는 이유** 133

**4  연령별 소비자의 니즈를 반영한 제품 기획** 139

성공 사례 3 트럭기사에서 하루 200만 원 셀러가 되다 142


## 4장
# 초보 셀러를 위한 노출과 광고 운영 전략

**1  당근마켓 광고 시스템의 기본 원리** 146
최저 광고비로 최대 노출 146 | 광고는 결국 관심이다 149
광고비가 소진되는 원리 151

**2  클릭당 비용을 아끼는 광고비 최적화 기술** 153
클릭당 비용이 측정되는 원리 153 | 용어에 신경 쓰지 마라 159 | 광고 최적화 162

**3  간편모드 VS 전문가모드 광고 운영법** 168
간편모드와 전문가모드의 차이 168 | 어떤 광고를 어떻게 해야 할까? 175

성공 사례 4 창업센터에서 만든 밀키트로 성공하다 199

## 5장
## 구매로 이끄는 상세페이지 제작 기술

**1 대형 셀러들이 당근마켓을 하지 않는 이유**    202
당근마켓은 "골라! 골라!"이다 202
당근마켓 vs 네이버 스마트스토어(혹은 쿠팡) 204

**2 돈 안 들이고 만드는 실전형 상세페이지**    209
당근마켓 사용자들은 '읽는다' 209

**3 고객의 마음을 흔드는 소식 글쓰기 노하우**    213

**4 광고비를 아끼는 후킹 콘텐츠 만들기**    218
후킹은 '좀 심한 것 아니야?' 할 정도로 한다 221

**성공 사례 5** 장사가 잘돼서 제주도에 밭을 사다    225


## 6장
## 작게 시작해 크게 키우는 스케일업 전략

**1 구매 전환 이후 매출을 확장하는 방법**    228
매일 테스트하라 228 | 성과보고서를 활용하라 236

**2 하루 광고 목표 100만 원 시스템 만들기**    244
가지치기와 매출 증대 전략 244 | 왜 채팅만 하고 사질 않을까? 252

**3 평생 고객을 만드는 고객 관리 방법**    258

**성공 사례 6** 50대 주부가 자신의 브랜드를 만들다    262

## 7장
# 당근마켓에서 실패하는 사람들의 공통점 

**1 현실적인 목표 없이 시작하면 실패한다**     266

**2 마케터가 아닌 장사꾼 마인드가 중요하다**     271
장사는 돈 놓고 돈 먹기가 아니다 274
한 상품에 5만 원 투자, 다섯 상품 안에 성공하라 276

**3 광고에 집착하면 망한다**     279
광고는 만능이 아니다 279 | 마케터에게 대행을 맡겨야 할까? 282

**4 소자본 장사의 기본 원칙을 지켜야 성공한다**     285
인터넷에는 사기꾼이 많다 285 | 온라인 '장사'도 '장사'다 288

**성공 사례 7** 아이 셋 둔 직장인이 당근으로 성공하다     292


## 부록
# 집에서 일하는 '일평사장' 실전 미션 3가지 

**1 첫 번째 미션 : 수익이 나는 상품 찾기**     296
상품 찾기 체크리스트 296 | 상품 찾기 정리표 297

**2 두 번째 미션 : 광고 운영 스킬 익히기**     300
광고 집행 체크리스트 300 | 광고 집행 성과 정리표 302

**3 세 번째 미션 : 구매를 부르는 판매 전략 세우기**     304
상세페이지 제작 체크리스트 304 | 상세페이지 테스트 비교표 305

# 내 인생을 바꾼 당근마켓 입점

# 토익 강사에서
# 당근마켓 셀러가 되다

## 쫄딱 망한 30대 중반 토익 강사

나는 영어 강사였다. 의정부에서 시작해 강남, 대치동까지 진출해 온 나는 자신감이 하늘을 찔렀다. 취업카페로 유명한 「빡공단」에서 1등 토익 강사로 활동했고, 영어 공부를 평생 한 적 없는 사람들도 알고 있는 영어학습 플랫폼 「야나두」에도 진출했다.

조금씩 돈을 벌기 시작하는 30대 초반의 남자들이 그렇듯이 나도 거만해지기 시작했다. 그리고 사업을 꿈꾸기 시작했다. 학원을 운영한다면 투자하겠다는 사람도 있었고, 기존 학원의 10명 중 9명의 강사가 나를 믿고 따라오고 싶다고 했다.

마침내 강남역 5분 거리의 엘리베이터 없는 지하에 영어 학원을 오픈했다. 내가 활동해 오던 무대가 강남이었고, 그곳에는 이미 나를 좋아해 주는 예비 수강생이 많았다. 그 덕분에 나는 특별한 홍보 없이도 오픈 첫 달에 200명에 살짝 못 미치는 수강생을 모을 수 있었다. 다행히 영어 강사로서 잘 살아온 듯했다.

하지만 나는 여기서 3가지 치명적인 실수를 했다.

### → 첫째, 동업을 했다.

내가 정말 좋아하는 원어민 강사가 있었다. 수업 퀄리티나 고객들을 대하는 태도에서 다른 미국인 강사들보다 앞서는 강사가 있었는데, 나는 그 친구에게 동업을 제안했다. 왜 동업을 했냐고?

"두려웠다."

처음 하는 사업이었고 그 사람이 필요해서가 아니라 같이 두려움을 겪을 사람이 필요했다. 다행히 그 친구는 장고 끝에 내 제안을 받아들여 같이 학원을 운영했다.

원어민 강사와 한국인 강사가 동업하는 영어 학원! 그 타이틀만으로도 이색적이지 않은가? 우리는 그걸 시도했다.

그 친구는 한국인과 결혼하여 한국에 산 지 10년이 다 되어 갔으나 여전히 모국이 아닌 나라에서 한국인과 사업을 한다는 것에 대해 두려움이 있었다. 외국 생활을 해 본 나는 그 친구의 마음을 잘 이해했고, 그래서 사업 구조를 그에게 더 유리하게 구성했다. 예를 들면, 사업자의 대표는 그 사람, 나는 부대표, 입금계좌는 그의 계좌, 환불계좌는 공동계좌, 그리고 결정적으로 회사가 어려워서 대출을 받아야 할 때는 내 이름으로만 받았다.

나중에 알았는데 사람들은 이걸 '호구'라고 하더라.

### → 둘째, 코로나 19 팬데믹 직전에 오픈했다.

불행히도 내가 학원을 오픈한 시기는 코로나 19가 발생하기 6개월 전이었다. 코로나 19로 인한 셧다운 기간 동안 휴강을 하며 버티고 버티다 코로나 2차 파동 때 결국 문을 닫게 되었다. 당시 이태원 바에서 외국인 감염자들이 나왔는데 거기 있던 외국인 2명이 우리 학원 강사였다.

결국 나는 파산했고 몇 년간은 코로나 19 탓을 하며 삶을 비관했다. 하지만 지금 생각해 보면 사업 구조 자체가 위기에 버틸 수 없는 형태였다. 다 지나고 나서 무슨 말을 못하겠냐만 결과적으로는 코로나 19가 나를 발전시켰다.

### → 셋째, 동업자를 믿었다.

코로나 19 팬데믹 기간 동안 나의 업무는 직원 월급, 수강생 환불금을 구하는 것이었다. 몇 개월은 개인적으로 모아 둔 돈으로 버틸 수 있었으나, 얼마 되지 않아 대출을 받아야 하는 상황이 되었다. 결국 대출 이야기까지 나오니 동업자 친구는 나에게 울면서 사업에서 빠지고 싶다고 사정했다. 나는 "1개월만 더, 1개월만 더"라며 말 그대로 무릎 꿇고 부탁했다. 하지만 그 친구는 수업에 자주 지각했고, 아예 수업에 나오지 않는 상황까지 되었다. 어쩌다 수업에 올 때는 얼마나 울었는지 눈이 빨갛게 되어 있었다.

나는 심적 죄책감이 너무 컸다. 동업을 요청한 것도 나고, 사업을 구상한 것도 나였다. 마치 코로나 19도 나 때문에 벌어진 일 같았다. 결국 나는 동업자에게 동업자 이름을 빼고 개인 사업으로 바꾼 후에 대출을 받겠다고 약속했다.

그 친구와의 마지막 날이 아직도 기억난다. 다음에 꼭 오겠다고, 나를 언제까지나 응원한다며 도움이 필요할 땐 '친구'로서 도와주겠다고 했다. 그런데 며칠 지나서도 아닌 바로 다음날 새벽에 그 '친구'가 나를 배신한 것을 알게 되었다.


## 🥕 학원 강사에서 온라인 셀러가 되다

어린 시절 우리 집은 항상 '반'지하였다. 이 '반'은 우리 집에 남은 마지막 자존심이었다. 마치 "지하보다는 나은 삶을 살고 있다. 나는 '반'지하 산다!"라고 말하듯 그냥 '지하'에 산다고 말하는 일은 절대 없었다. 우리 가족이 살던 집은 동네만 옮겨 다녔을 뿐이지 항상 '반지하 + 월세'였다.

성인이 되어 독립하고 영어 강사로 조금씩 자리를 잡으면서 나는 처음으로 크진 않지만 '전세' 오피스텔에서 살기 시작했다. 부모 도움 없이 처음으로 '전세' 보증금을 마련하여 입주했을 때의 감동이 아직도 생생하다. 누구의 도움도 없이 스스로 해낸 것이었다.

그런 집을 떠날 수밖에 없었다. 당장 학원을 접고 다음 달 카드값 낼 돈도 없는데 전세 보증금에 돈을 묶어 둘 수가 없었다. 그리고 나는 다시 '반'지하 단칸방으로 가야 했다. 거의 반년을 폐인처럼 지냈다. 그래도 된다고 생각했다. 인생이라는 게 바닥으로 떨어지면 자연스럽게 바닥을 치고 올라가는 줄 알았다. 하지만 바닥 밑에는 더 깊은 지하실이 있었다.

그러던 어느 날 화상으로 영어 수업을 시작하게 되었다. 1주일에 딱 2시간 유일한 나의 스케줄이었다. 수강생은 정말 젠틀한 중년 남성분이었고, 나는 스트레스 없이 아르바이트 겸 수업을 할 수 있었다.

어느 날 유일한 스케줄이었던 그 수업을 늦잠으로 놓치고 말았다. 늦잠의 이유도 허접했다. 전날 밤 늦게까지 코로나 19와 예전 동업자를 욕하며 혼자 술을 퍼붓다가 못 일어난 것이었다. 특별한 약속이 있었던 것도 아니고 친구와 거하게 한잔한 것도 아니었다. 그냥 혼자 세상을 비관하며 술을 마시느라 유일한 스케줄을 놓친 것이었다.

놓친 사실을 알고도 모든 게 귀찮았다. 그냥 도망치고 싶어서 그 수강생에게 메시지도 보내지 않고 휴대폰도 쳐다보지 않았다. 자고 일어나면 다 알아서 처리되어 있으리라 믿었다.

나중에 보니 그 수강생에게서 문자가 와 있었다.

"연승 씨, 너무 피곤하셨나 봐요. 다음 주에 봐요."

나는 너무 부끄러웠다. 창피함의 파도가 온몸을 덮는 듯했다.

아침 일찍부터 일어나서 바쁜 스케줄을 쪼개 가며 영어 공부를 하는 사람도 있는데 나는 혼자 술을 처마시느라고 유일한 나의 일을 망친 것이었다. 그분의 친절함이 나의 현재를 객관적으로 바라보게 했다.

숨을 몰아쉬고 앉아서 객관적으로 나의 인생 성적표를 바라보았다.

나이는 30대 중반, 커리어는 영어 강사, 유학 생활…. 그런데 영어 일타 강사는 아니었던 터라 지금 학원 강사로 돌아가도 밑바닥부터 다시 시작해야 한다.

내가 잘하는 것은 학원을 운영하면서 배운 마케팅 능력, 영상 편집 능력 조금, 포토숍 능력 조금, 그리고 사람들에게 친절하게 행동하는 서비스업 능력….

내가 잘하지 못하는 것은 손익분기점 등 수학이 들어가는 것, 복잡한 구조를 이해하는 것….

30대 중반에 받아 본 나의 인생 성적표는 별로였다. 마음에 들지 않았다. 적당한 곳에 취직하기에는 나이도 스펙도 모든 게 애매했다. 그리고 사업을 한 번 해 본 터라 남을 위해서 일하는 게 영 마음에 내키지 않았다. 차라리 대리운전을 하더라도, 택시를 운행하더라도 나 자신을 위해 일하고 싶었다.

그러다가 눈을 돌리게 된 것이 '온라인 장사'였다. 내가 느끼기에 온라인 장사에는 2가지 매력이 있었다.

### → 첫째, 성공 사례가 매달 나왔다.

네이버 스마트스토어를 보면 매월 1일에 각 스토어의 등급이 매겨진다. 보통 빅파워 정도면 성공했다고 하는데, 내 눈으로 빅파워 스토어가 생겼다 사라졌다 하는 것을 보면서 "나도 할 수 있지 않을까?" 하는 생각이 들었다. 보통사람들도 도전해서 할 수 있는 것이라면 나도 해 볼 만하지 않을까?

### → 둘째, 초기 자본이 없거나 적었다.

나는 오프라인 사업을 해 봤기에 사업을 한 번 시도했다가 접는 게 인생에 얼마나 큰 영향을 미치는지 알고 있다. 우리 아버지는 젊었을 때 사업을 했다가 실패하고 평생 신용불량자로 살았고, 나를 파산까지 가게 만든 것도 사업이었다. 그런데 그 사업을 자본금 없이 도전해 볼 수 있다고? 시쳇말로 이건 나에게 '개꿀'이었다.

물론 단점도 명확하다는 것은 이미 알고 있었다. 자본금이 없거나 적은 대신에 경쟁자가 많았다. 내가 떡볶이를 시장에서 판다고 하면 경쟁자가 많아야 5명이지만 온라인에는 몇십만 명이었다. 그리고 성공 사례가 매달 나온다지만 매달 포기하는 숫자에 비하면 절대 장점이 아니었다. 이런 장점과 단점을 종합하니 내 '필승법'은 명확해졌다.

"적은 금액으로 여러 번 도전한다."

그렇게 나는 온라인 장사를 배우기 시작했다. 당장 다음 달 카드값과 강의를 들을 돈이 필요해서 영어 과외를 시작했다. 7호선 끝에서 끝까지 지하철을 타고 이동하며 과외를 했는데 여름철에는 등에 가방줄 모양(Y자) 그대로 소금자국이 날 정도로 땀을 흘리며 열심히 했다.

영어 과외로 번 돈을 모두 온라인 장사를 배우고 도전하는 데 썼다. 내 노동력만 있으면 몇백 번이고 시도할 수 있었고, 다행히 내 방법이 틀리지 않았는지 곧 온라인 장사에서 영어 과외를 하지 않아도 될 정도의 수익이 나오기 시작했다.

# 한 달 만에 확인한
# 당근마켓의 가능성

 ## 당근마켓을 시작하게 된 계기

나는 경제적으로 점점 괜찮아졌고, 개인 장사를 하며 시작한 컨설팅이 입소문을 타서 「전인구 경제연구소」라는 대형 유튜브 채널에도 출연하게 되었다. 이것은 여러 행운이 겹쳐서 일어난 일이었다.

전인구 대표는 교사 출신으로 학생들의 경제 교육에 관심이 많았다. 그런 전인구 대표가 「경제소년단」이라는 이름으로 온라인 장사를 통해 학생들에게 경제를 가르쳐 주는 이벤트를 했고, 거기에 멘토 제안이 와서 참여하게 된 것이었다. 나를 비롯해 온라인 장사로 성공한 5-6명이 함께 참여했고, 2개월간의 경쟁 끝에 내가 멘토로 있던 팀이 우승했다. 이 이벤트 참여

⋯> 대형 유튜브 「전인구 경제연구소」에 온라인셀러 멘토로 출연한 모습

를 계기로 「전인구 경제연구소」 유튜브에도 출연하게 되었던 것이다.

물론 그 당시의 나는 강의를 하거나 책을 낼 생각은 전혀 없었기에 대형 유튜브 출연이 내 커리어에 영향을 미칠 만큼의 큰 사건은 아니었다. 하지만 이 결과는 코로나 19로 파산에서 벗어나 새로운 삶을 사는 나에게는 좋은 성적표였다.

그럼에도 여전히 불만은 있었다. 나는 주로 네이버 스마트스토어와 쿠팡에서 활동했는데 내 규모로는 '대형 키워드'를 사용할 수 없다는 것이었다.

이게 무슨 말이냐면 네이버 스마트스토어나 쿠팡처럼 10~20년 넘게 정착된 플랫폼에는 이미 많은 분야를 기존 업체들이 장악하고 있다. 예를 들어 내가 끝내주는 '땅콩잼'을 가지고 있어도 기존 플랫폼에 진입해서 자리 잡는 것은 거의 불가능에 가깝다는 것이다. 행여나 성공한다 하더라도 거의 오프라인 가게를 여는 정도의 자본금을 요하게 된다.

그래서 보통의 장사꾼들은 고객들이 가장 많이 검색하는 기본 키워드인 '땅콩잼' 같은 대형 키워드는 피하고 소형 키워드를 찾게 된다. '건강 땅콩잼', '유기농 땅콩잼' 같은 검색과 경쟁이 상대적으로 적은, 흔히 말하는 '틈새 공략'을 하는 것이다. 아마 기존 온라인 플랫폼에서 장사를 한 번이라도 해 본 사람은 내 이야기에 격하게 공감할 것이다.

나는 네이버 스마트스토어나 쿠팡에서 나름대로 판매가 잘되는 스토어를 운영했는데, 저런 대형 키워드를 공략해서 '부자'가 되고 싶다는 소망이 항상 있었다. 하지만 이미 10~20년이 넘어가는 기존 업자들이 정복하고 있는 시장에서는 거의 불가능에 가까워 보였다.

그러다가 내 눈에 들어온 것이 당근마켓이었다. 그 당시 나의 유튜브 구독자는 대략 80명 정도였는데 물건이 하나라도 더 팔리면 좋을 것 같아서 내 유튜브에 내 스마트스토어 주소를 공가 했다. 그런데 여기에 내가 생각지도 못한 게 있었다. 나는 '사업자 = 우리 집'인 사람이라 구독자들이 언제든지 내 스토어에 들어와 우리 집 주소를 볼 수 있었던 것이다.

고작 80명인 유튜브에 누가 관심이나 갖겠냐고? 2명이나 우리 집에 찾아왔다. 본인이 정말 힘드니 좀 도와 달라고 했다. 한 분은 매너가 있으셔서 커피도 마시고 잘 이야기하고 보내 드렸지만, 다른 한 분은 무서울 정도로 끈질겼다.

물론 파산까지 경험해 봤던 나로서는 그 마음은 이해하지만 겁이 덜컥 나서 스토어를 아예 내리기로 했다. '사무실을 구해서 주소를 바꾸면 되지 않나?'라고 생각할 수 있는데 나는 당시 온라인 스토어 3개를 운영하고 있어서 여러 가지를 생각했을 때 하나를 닫는 게 낫겠다고 판단했다.

그런데 닫으려던 스토어에서 팔기로 계약한 물건이 있어서 방법을 찾다

정산 내역  ⑦ 정산 안내

23. 04. 01 📅  ~  23. 04. 30 📅  조회

총 입금금액 (예정 포함)
**2,389,808원**

구매확정되지 않은 주문이 1건 있어요. 구매확정 후 영업일 기준 3일 후에 정산돼요. (총 30,000원)
진행 중 주문 보기

**입금 내역**



가 당근에 올려 보기로 하면서 당근마켓에도 상점을 낼 수 있다는 걸 알게 되었다. 이후 당근마켓 판매를 공부했고, 한 달 만에 매출 200만 원, 수익 80만 원 정도를 달성하게 되었다. 수익은 적었지만 기존에는 몰랐던 판매처를 알게 되어 몸에 전율이 일 정도로 기분이 좋았다.

## 🥕 당근마켓을 향한 나의 2가지 목표

당근마켓은 말 그대로 초기 시장, 즉 블루오션이었다. 게다가 고객들이 지갑을 반쯤 열고 들어오는 특이한 시장이었다. 첫 달 수익을 냈을 때부터 나는 당근마켓에 대해 공부한 모든 정보를 유튜브에 올리기 시작했다. 그 당시 유튜브에는 '당근마켓 비즈니스' 관련 영상은 하나도 없었다. 가끔 "당근으로 월 3천 벌어요." 같은 허무맹랑한 이야기는 있어도 '당근마켓 비즈니

스', 당근마켓 광고·노출에 관한 정보는 정말 하나도 없었고 내가 유일했다.

그뿐인가? 그 당시에 내가 팔았던 물건은 '과일청'이었는데 '과일청'을 판매하는 업체가 전국에 3곳뿐이었다. 그곳들 또한 당근마켓에 대한 이해도가 낮아서 그냥 물건만 업로드해 놓을 뿐이었다. 내가 '과일청'으로 당근마켓을 지배하는 것은 말 그대로 '누워서 떡 먹기'였다.

별개의 말이지만 지금도 비슷하다. 물론 그때보다는 당근마켓에서 장사하는 사람이 많아졌지만 아직은 대부분 '당근마켓' 하면 '과일'만 팔 궁리를 하고 있다. 미안한 말이지만 경쟁을 피해서 당근마켓으로 왔는데 가장 경쟁이 센 과일만 바라본다? 글쎄….

어쨌든 나는 '과일청'으로 첫 달 수익을 낸 이후 2가지 결심을 했다.

### → 첫째, 모든 카테고리를 지배하리라!

당근마켓은 모든 카테고리에 지배하고 있는 업체가 없다. 지금도 마찬가지다. 1등과 지금 시작하는 업체들과 차이가 크지 않다. 모든 카테고리를 정복하는 것은 나의 오랜 목표였다. 내 이름이 로고에 박힌 '과일청', 내 이름으로 된 '강아지 간식' 등. 네이버나 기존 플랫폼에서는 불가능했던 것들이 당근마켓에서는 눈앞에 펼쳐진 듯 가능해 보였다.

### → 둘째, 당근마켓의 신사임당이 되리라!

네이버 스마트스토어 하면 그 유명한 유튜버 '신사임당'이 먼저 떠오른다. 처음 내가 스마트스토어를 배울 때 신사임당은 스마트스토어의 상징 같았다. 나도 당근마켓 하면 가장 먼저 떠오르는 사람이 되고 싶었다. 그래서 당근마켓을 공부하면서 알게 된 모든 정보를 유튜브에 업로드하고, 순수익이 1,000만 원을 넘어갈 때부터는 강의도 하기 시작했다.

그럼 이 2가지 목표를 달성했냐고?

첫째 목표인 모든 카테고리를 지배한다는 건 치기 어린 생각이었다. 나는 새로운 카테고리를 배운다는 게 얼마나 어려운 일인지 몰랐다. 카테고리마다 굉장한 연구가 필요했다. '떡'을 파는 것도 '떡'에는 엄청나게 많은 종류가 있고 그 퀄리티를 유지하는 게 정말 힘든 작업이었다. 현재 '떡'은 '내게담다'라는 내 수강생이 당근마켓을 지배하고 있다.

이렇게 모든 카테고리를 지배하겠다는 내 꿈은 '내 수강생들과 모든 카테고리를 지배하겠다.'는 것으로 목표를 바꿔 진행 중이다. 당연한 이야기이지만 나도 내 나름대로 '모든' 카테고리까지는 아니어도 하나씩 카테고리를 넓혀 나가고 있다. 현재는 과일과 육류, 해산물을 주로 팔고 있다.

둘째 목표인 당근마켓의 신사임당이 되겠다는 건 아직 진행형이다. 그 일환으로 이렇게 책도 쓰고 있다. 자랑할 것은 나는 1주일에 한 번 정도 수강생들로부터 성공 사례와 함께 고맙다는 인사를 받는다. 그 덕분에 '클래스유'에서 출시된 내 강의는 출시부터 지금까지 한 번도 BEST TOP 강의에서 내려온 적이 없다.

그럼 지금 당근마켓 장사를 시작해도 괜찮냐고? 온라인 장사는 돈 놓고 돈 먹기가 아니다. 지금 하면 괜찮고 언제 하면 안 괜찮고 이런 것이 아니란 말이다. 내가 해 줄 수 있는 말은 간단하다. 당근마켓에는 여러분이 팔려고 하는 물건의 경쟁자가 훨씬 적을 것이다. 당근마켓은 여전히 사활을 걸고 도전하기에 완벽한 시장이다.

# 반려되면서 배우는 당근마켓 입점 기술

## 🥕 당근마켓 입점하기

당근마켓에서는 스토어라는 이름을 사용하지 않고 '비즈프로필'이라는 이름을 사용한다. PC로 개설해야 하는데 인터넷에 '당근마켓'이라고 검색해도 나오지 않는다. '당근비즈니스'라고 검색해야 한다.

'당근비즈니스'라고 검색하면 당근마켓과는 전혀 다른 사이트가 나온다. 당근마켓이 당근마켓을 이용하는 고객을 위한 것이라면, 당근비즈니스는 당근마켓에서 장사를 하는 사업자들을 위한 사이트라고 생각하면 된다.

당근비즈니스 사이트에 접속해서 '무료로 시작하기'를 누르면 되는데 당근마켓은 아직 초기 시장이라 처음 입점하는 사장님들을 위해 광고비 이벤

당근비즈니스

광고를 본 이웃과 바로 소통하기 — 동네 이웃을 고객으로! 원하는 동네만 쏙쏙 골라서 자연스럽게 홍보할 수 있어요. 이미 전국 200만 가게가 **당근비즈니스**로 4,000만명의 손님을 만나고 있어요. 쉽고 빠른 광고캐시 충전.

| 비즈프로필 | > |

| 당근 검색 결과에 광고 노출 | > |

| 비즈프로필을 통한 무료 마케팅 | > |

| 검색광고 | > |

당근비즈니스
https://business.daangn.com ⋮

**당근비즈니스-소개**

당근이웃, 내 고객이 되다. 당근이웃, 내 고객이 되다 · 3,900만 + · 20분 + · 1,900만 + · 당근이라서 가능한 동네 기반 광고 · 광고 목표, 필요한 기능에 따라 선택 ...

⋯▸ **구글에서 '당근비즈니스' 검색 화면**

⋯▸ **당근비즈니스 첫 화면**

트를 많이 한다. 지금은 첫 화면에 보이는 것처럼 26만 원 광고비 혜택이 있는데 이런 혜택들은 보통 처음 시작하는 사장님들만을 위한 것이니 반드시 처음 시작할 때 잘 챙기자.

시작하기를 눌러서 들어가면 여러 가지 로그인 방법이 나온다. QR코드 로그인 방식은 여러분이 이미 당근마켓을 휴대폰으로 사용하고 있다면 따로 가입할 필요 없이 로그인할 수 있어 아주 간단하다. 구글이나 카카오, 네이버 등으로도 로그인할 수 있다. 그런데 QR코드가 아닌 방식으로 로그인하는 경우 휴대폰으로 연동하는 데 어려움이 있을 수 있으니 QR코드로 로그인하는 것을 추천한다.

···> 당근비즈니스 QR코드 로그인 화면

가끔 본인의 사업자를 사용하지 못하고 가족의 사업자를 이용해 장사를 하는 사람들의 경우 QR코드가 아니라 다른 방식으로 로그인하기도 하는데 그럴 필요 없다. 로그인과 비즈프로필을 만드는 것은 전혀 별개이니 로그인은 여러분이 가장 편한 방법으로 하면 된다.

　어떠한 방식으로든 로그인을 하면 다음과 같은 화면이 나오는데 여기서 왼쪽의 주황색 버튼 '+ 새 비즈프로필'을 누르면 된다.

⋯▸ **당근비즈니스 로그인 후 첫 화면**

여기서 본인이 운영할 상점의 이름을 적어야 하는데 당근마켓에서는 아래의 이름 가이드에서 말하는 것처럼 진짜 사용하는 이름인지 아닌지를 까다롭게 본다.

비즈프로필 만들기
② 비즈프로필이란?
이름을 입력해주세요
예) 당근빵집, 당근미용실
당근 안에서 고객이 검색하거나 동네지도에서 보게 될 이름이에요.
0/20
이름 가이드
업체명 또는 간판명으로 입력하거나, 명함에 적힌 이름과 직함을 입력해주세요.
비즈프로필 이름 기준을 준수해 주세요. 운영 정책에 따라 임의로 수정되거나 제재될 수 있어요.

···▶ **당근비즈니스 비즈프로필 이름 제작 화면**

다음은 업종이다. 내가 판매할 업종이나 분야를 넣어야 한다. 판매할 물건을 대략이라도 정하고 들어오는 것을 추천한다. 하지만 아직 판매할 물건을 정하지 않았다면 '기타식품제조가공업' 혹은 '기타식품판매'를 선택하는 것을 추천한다. 물론 이는 식품의 경우이고, 다른 업종이라면 거기에 어울리는 것을 넣어야 한다.

비즈프로필 만들기     ⓘ 비즈프로필이란?

## 업종을 알려주세요

업종을 검색해주세요.    🔍

**검색 제안**

의류판매   한식   주점   전문서비스   일반

**이렇게 검색해보세요**

1 사업자등록증에 기재된 [종목]으로 검색해 보세요.

2 업체를 대표하는 단어로 검색해 보세요.
예) 카페, 미용실, 헬스

3 제공 서비스로 검색해 보세요.
예) 퍼스널트레이닝, 보컬레슨, 쿠킹클래스

- 비즈프로필을 만든 후에는 업종을 변경할 수 없어요.
- 내부 검수 과정에서 더 적합한 업종으로 수정될 수 있어요.

⋯▸ **당근비즈니스 비즈프로필 업종 선택 화면**

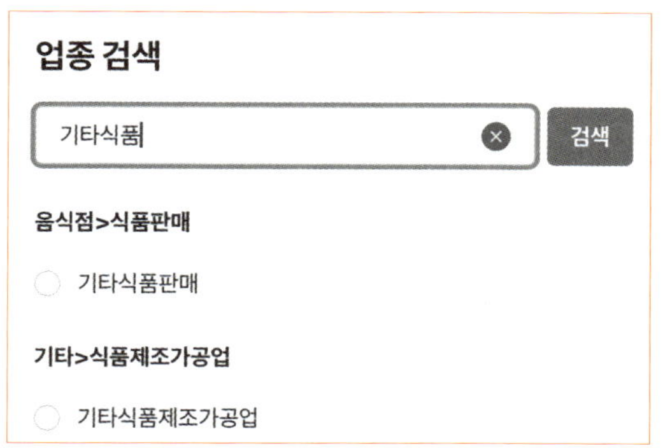


⋯▸ **업종 선택 시 '기타식품' 선택 화면**

다음은 업장 주소가 나온다. 오프라인 영업장을 운영한다면 그대로 넣어도 되지만 오프라인 영업장이 없다면 브통의 경우 집 주소가 영업장 주소가 된다. 이게 싫을 경우 아래의 '주소가 없어요'를 클릭하면 주소를 노출하지 않을 수 있다.



···▶ **당근비즈니스 비즈프로필 주소 선택 화면**

그럼 다음과 같은 화면이 나오고 비즈프로필 작성이 완료된다. 뭔가 이상하다고 느낄 사람이 있을 것이다. 맞다. 사업자등록증을 입력하지 않았다. 당근은 비즈프로필 개설 후에 사업자등록증이나 통신판매업을 넣을지를 결정한다.

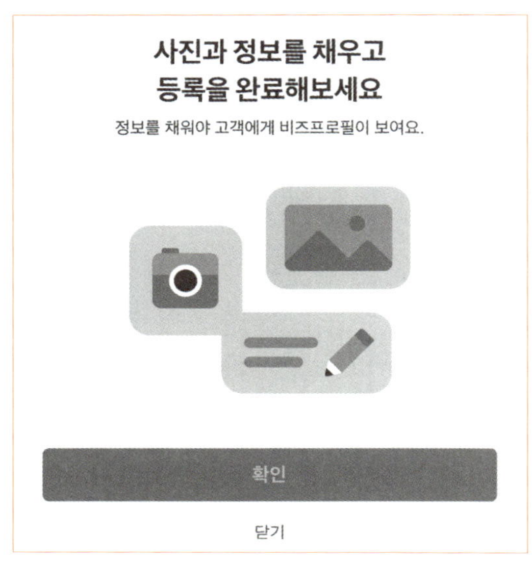



···→ 당근비즈니스 비즈프로필 이미지 선택 화면

본인의 상점에 따라다닐 상점 로고나 상점 사진을 넣을 수 있다.

···→ 당근비즈니스 비즈프로필 로고 등록 화면

본인이 판매하는 물건의 사진을 올릴 수 있다. 아직 없다면 과일 등 식품으로 채워 넣고 넘어가자. 여기에 등록하는 사진들은 언제든지 바꿀 수 있다.

···▸ 당근비즈니스 비즈프로필 메인 이미지 등록 화면

다음은 본인의 비즈프로필에 들어왔을 때 가장 먼저 보이는 문구를 넣을 수 있는 곳인데, 어렵게 생각할 것 없다. 이것 또한 추후에 언제든지 바꿀 수 있다.

3 / 3

## 소개글과 정보를 입력해주세요

**소개**

특징과 강점을 간단히 소개해주세요. 나중에 언제든지 변경할 수 있어요.

**전화번호** (선택)

전화번호를 입력해주세요

**부가 정보** (선택)

등록

예약, 포장, 지역화폐 등의 정보를 추가할 수 있어요. 등록 후 언제든지 추가하거나 수정할 수 있어요.

⋯ **당근비즈니스 비즈프로필 소개글 등록 화면**

이렇게 개설이 되면 왼쪽에 여러 정보를 넣을 수 있다. 여기서 맨 아래 '사업자 정보'를 클릭하여 사업자 정보를 넣도록 하자.

**업체 정보**

영업 시간

가격

공지 · 소개

기본 정보

사업자 정보

⋯ **당근비즈니스 소개글 작성 후 왼쪽 메뉴 화면**

사업자등록번호를 알려주세요

숫자만 입력해주세요.

사업자 정보 등록 정책 >

다음



이렇게 사업자등록번호까지 넣고 심사를 기다리면 된다. 본인 QR코드로 당근마켓에 로그인했다면 승인이 되는 경우 휴대폰으로 연락이 온다. 그런데 반려되었다고? 속으로 "야호!"를 한 번 외치고 다음 내용을 살펴보자.

## 🥕 반려되었다고? "야호!"를 외쳐라

여러분이 만약 오프라인 영업체를 운영하고 있다면 당근마켓 입점은 정말 쉬울 것이다. 간혹 오프라인 업체를 가지고 있는데도 반려되는 경우가 있는데 매장 사진을 업로드하거나 사업자등록증 혹은 영업허가증 등을 전달하는 방식으로 쉽게 승인을 받을 수 있다. 하지만 나처럼 온라인 장사만 하는 사람이라면 반려당하는 일이 일상다반사가 될 것이다. 기존에 온라인 장사를 하던 사람들은 어색할 수밖에 없다.

"입점에서 반려당한다고? 대체 왜?"

네이버 스마트스토어든 쿠팡이든 입점 자체가 어려운 것은 없다. 그들은 1명이라도 셀러가 더 오기를 바라기 때문에 기존 플랫폼에는 정말 쉽게 입점할 수 있다. 하지만 당근마켓은 다르다. 당근마켓은 까다롭게 서류를 보는 것을 넘어서 이유 없이 반려하기도 한다. 그러니까 나와 내 옆 사람이 똑같은 서류로 똑같이 신청을 해도 나는 반려되고 내 옆 사람은 반려되지 않는 일이 일상다반사로 일어난다.

하지만 걱정하지 마라. 여러분이 당근마켓으로 입점 신청을 했는데 반려되었다면 속으로 "야호!"를 외쳐라. 장담하는데 이 입점 단계에서 어중이 떠중이들은 다 떨어져 나간다. 반려되었다면 내 경쟁자 10명은 떨어져 나갔을 것이라고 생각하고 속으로 기뻐하라.

그럼 당근마켓에서는 어떤 경우에 반려될까? 가장 대표적인 이유로 영업허가증의 유무, 사업자등록증의 이름 2가지가 있다.

### → 첫째, 영업허가증의 유무

오프라인 업체를 운영하고 있다면 이미 다 가지고 있을 것이다. 그래서 한 번 반려되더라도 문제없이 제출할 수 있을 텐데 문제는 나처럼 온라인 셀러들이다. 온라인에서만 판매를 하는데 갑자기 영업허가증을 제출하라고 한다거나, 혹은 판매하려는 식품에 맞춘 영업허가증을 요구할 수 있다. 때로는 사업자등록증의 업종으로 딴지를 걸기도 한다.

초보 셀러를 위해서 말해 주자면 '위탁' 판매는 특별한 경우를 제외하고 '전자상거래'만 사업자등록증에 등록되어 있으면 된다. 그러니까 여러분이 사업자등록증을 만들 때 온라인 판매를 위해 넣어야 하는 것은 '전자상거래' 뿐이다.

하지만 당근마켓에서는 관련 업종을 요구하는 경우가 있다. 내가 영업허가증이 필요하지 않은 온라인 판매를 하는데 당근마켓에서 영업허가증을 요구한다면 당근마켓에 문의를 하여 여러분이 하려는 업종은 영업허가증이 필요하지 않은 업종임을 밝히는 절차를 밟으면 된다.

### → 둘째, 사업자등록증의 이름

보통의 온라인 판매라면 내 사업자 이름과 다르게 스토어를 개설할 수 있다. 하지만 당근마켓은 사업자 이름과 동일하게 할 것을 엄격하게 요구한다. 물론 이 부분에 관용이 없는 것은 아니다.

예를 들어 내 사업자등록증에 기재된 사업자 이름이 '일평'인데 내가 당근마켓 내의 스토어 이름을 '일평 햄버거'라고 만드는 것 정도는 허용이 된다. 하지만 내 사업자 이름이 '일평'인데 '춘식이네 과일'처럼 아예 다른 이름으로 만드는 경우에는 반려될 가능성이 아주 높다.

## 🥕 입점에 성공하는 전략

지금부터 당근마켓 입점에 막혔을 때 해결하는 방법을 알려 주겠다. 먼저 영업허가증의 유무를 이야기하기 전에 당근마켓 입점의 필승법을 알고 있어야 한다. 바로 **'처음에 모든 정보를 전달하지 않는 것'**이다.

예를 들어 내가 사업자등록증, 통신판매업, 영업허가증, 위탁계약서 등 여러 가지 정보를 가지고 있더라도 처음 입점 당시에는 당근마켓에서 요청하는 정보인 '사업자등록증', '통신판매업' 2가지만 전달하고 나머지 정보는 어떤 단계에서든 반려될 때 제출하는 것이다.

당근마켓은 많은 자료를 요구하는 반면에 그 자료들에 관한 전문성은 없는 듯하다. 예를 들어 사과 농장과 거래를 하는데 그 농장의 영업허가증을 요구하는 경우가 있었다. 그런데 농장은 영업허가증이 필요 없기 때문에 불가능한 정보를 요구한 것이다. 이때 전혀 관련 없는 허가증인 '건강기능식품위탁허가증'을 전달하여 통과한 적이 있다.

물론 당근마켓이 워낙 초기 시장이라 나중에는 개선되겠지만 판매자로서는 한 번 반려되기 시작하면 여간 귀찮은 일이 아닐 수 없다. 그러니 처음에 모든 정보를 주지 말고 기본 정보만 제공하고 이후 반려될 때마다 가지고 있는 정보를 하나씩 주는 것이다.

그러면 온라인 셀러가 당근마켓 입점 반려 시에 제출할 수 있는 정보는 어떤 것이 있을까?

보통은 3가지, 많아도 4가지 정도가 있다.


- 사업자등록증(전자상거래 필수)

- 통신판매업 신고증

- 위탁계약서

- 위탁업체 사업자등록증(혹은 영업허가증)


추가로 건강기능식품의 경우 건강기능식품위탁허가증이 필요할 수 있다.

사업자등록증(전자상거래 필수)과 통신판매업 신고증은 사실상 온라인 장사를 하려면 반드시 필요한 것이고, 위탁계약서가 필요할 수도 있다. 하지만 온라인 장사를 할 때 위탁계약서까지 작성하는 사람은 거의 없다. 위탁계약서는 물건을 공급하는 업체에 요구할 수 있는데, 업체에서 귀찮아할 수 있으니 반려되었을 경우에만 요청하자. 위탁계약서의 형식도 어렵거나 복잡할 것 하나도 없다. 그냥 '이런저런 물건을 얼마에 공급한다.' 정도만 있으면 된다. 이조차 복잡하다면 내가 사용하는 위탁계약서를 다운받아서 사용하라.

### ▸ 사업자등록증의 이름이 비즈프로필 아름과 다른 경우

이 부분이 많은 사람을 귀찮게 한다. 네이버 스마트스토어나 쿠팡은 정상적인 사업자임을 확인하면 스토어 이름을 우리가 원하는 대로 바꿀 수 있는 반면에, 당근마켓은 그게 어렵다. 당근마켓의 경우 상점의 이름 자체가 강력한 후킹이 될 수 있기 때문이다.

이런 문제를 해결하는 방법은 여러 가지가 있다. 가장 간단한 방법은 사업자등록증의 이름을 바꾸거나 애초에 당근마켓 비즈프로필 이름을 사업자등록증과 동일하게 하는 것이다. 하지만 앞서 말한 것처럼 당근마켓에서의 상점 이름은 강력한 후킹이다. 그리고 사업자등록증의 이름을 바꾸지 못하는 경우도 있을 수 있다. 그럴 때는 당근마켓에 스토어 이름이 사업자 이름과 다르지만 이 스토어 이름을 현재 사용하며 영업을 하고 있음을 입증하면 된다.

다음과 같은 내용을 제시할 수 있다.

- **간판 :** 가게 간판 사진을 찍어서 제출한다. 여러분이 오프라인 가게를 운영하고 있다면 이게 가장 쉬운 방법이다. 간판에 사업자 이름과 다른 이름을 사용하고 있다면 이것처럼 좋은 입증 방법은 없다. 하지만 이것은 오프라인 영업을 하는 사람들에게만 적용된다.
- **명함 :** 다른 이름으로 활동하고 있는 명함을 만들어서 제출한다. 예를 들어 내 사업자등록증의 이름이 '일평사장'이라도 이미 아예 다른 '춘식이네 과일' 등의 이름이 들어간 명함으로 활동하고 있음을 입증하는 것이다. 이런 이유로 내 수강생들은 명함을 새로 만드는 경우가 많다. 하지만 이것도 절대적인 것은 아니며 담당자에 따라 인용해 주지 않는 경우도 있으니 반려된다 하더라도 너무 낙담하지는 말자.
- **외부 사이트 :** 네이버 스마트스토어, 쿠팡, 자체 몰 등 다른 이름으로 활동하고 있는 사이트를 보여 준다. 예전에는 네이버에 자체 사이트를 만드는 플랫폼이 있었는데 지금은 없어졌다. 그래서 나는 스마트스토어를 개설해서 입증받기도 한다. 이렇게 외부 몰을 만들어서 본인이 사업자 이름과 다른 이름으로 활동하고 있음을 입증하면 90%의 확률로 승인이 될 것이다.

중요한 것은 당근마켓 사업자 이름에 너무 목매지 마라는 것이다. 가끔 이 단계에서 원하는 이름을 얻고 싶어서 더 이상 진행하지 못하는 사람들이 있는데 당근마켓에서 프로필 이름은 매력적인 요소이기는 하나 절대적인 것은 아니다. '좋은 이름 = 높은 성과'는 아니라는 것이다.

내 수강생 중에는 과일로 시작했는데 공산품이 잘되어 자체 브랜딩까지 진행하는 사람이 몇 명 있다. 이들은 전부 처음에 과일로 시작하느라 당근마켓 비즈프로필 이름이 'ㅇㅇ과일', 'ㅇㄱ농수산'이었는데, 결국 나중에 올린 공산품이 잘되어서 이름도 바꾸고 자체 브랜딩도 시작하게 되었다.

당근마켓은 무조건 사업자등록증이 필요하지는 않다. 사업자등록증 없이 당근마켓 비즈프로필을 개설하여 영업할 수도 있다. 프리랜서 개념으로 사업을 영위하는 것이다. 물론 이 방식은 당근마켓 비즈프로필을 쉽게 개설할 수 있다는 장점이 있지만 단점도 있다.

- **단점 1 :** 자연 노출이 안 된다. 당근마켓에서는 광고가 아니어도 사업자 주소 근처에 자연적으로 내 스토어와 물건이 노출되는데, 사업자등록증 없이 영업을 하는 사람들은 이 자연 노출을 누릴 수 없다. 그러니 이런 사람들은 100% 광고로만 본인의 사업을 노출시켜야 한다. 하지만 큰 문제는 되지 않을 수도 있다. 왜냐하면 오프라인 영업을 하는 게 아니라면 당근마켓 자체가 자연 노출에 의한 판매보다 광고로 인한 판매가 훨씬 더 크기 때문이다.

- **단점 2 :** 상품 등록을 할 수 없다. 당근마켓에서는 상품 등록을 할 수 있는 카테고리가 제한적이다. 2025년 현재는 식품 카테고리만 가능하다. 점점 업데이트가 될 거라고 믿지만 2년째 식품 이외의 카테고리는 열리지 않고 있다. 이 부분도 사실 큰 문제가 되지 않을 수 있다. 나중에 설명할 텐데 당근마켓에서 판매는 상품 등록으로 인한 것이 아니라 소식으로 인한 홍보가 80~90% 이상이기 때문이다. 하지만 10~20%의 고객을 잡는 것도 중요하기에 처음 시작은 사업자 없이 진행하더라도 추후에는 사업자등록증을 입력하여 상품 등록까지 가능하게 하는 것을

추천한다.

- **단점 3 :** 전문가모드 광고는 반드시 사업자가 필요하다. 당근마켓에는 2가지 광고 모듈이 있다. 하나는 간편모드이고, 다른 하나는 전문가모드이다. 전문가모드는 전문가가 쓰는 것이고, 간편모드는 초보자가 쓰는 것이다 등 근거 없는 이야기가 떠도는데 절대 그렇지 않다. 이 광고 모듈에 관해서는 나중에 설명하겠다.

어쨌든 이 2가지 모듈 중 전문가모드는 반드시 사업자가 필요하다. 하지만 전문가모드의 사업자가 반드시 비즈프로필의 사업자일 필요는 없다. 이게 좀 헷갈릴 수 있는데 단순하게 말하면 전문가모드의 사업자는 여러분이 운영하는 당근마켓 프로필의 사업자와 전혀 별개로 운영된다는 것이다. 그래서 사업자등록증의 이름과 상관없이 아무 사업자만 있으면 광고계정인 전문가모드를 개설할 수 있다.

그렇다면 나는 어떻게 진행할까? 나는 다음과 같은 방법을 추천한다.

① 처음부터 사업자등록증을 비즈프로필 이름에 맞게 개설하여 운영한다.

② 이게 안 된다면 사업자등록증 없이 개설하여 운영한다.(이 경우 카테고리는 '기타식품'으로 진행한다.)

③ 사업자등록증 없이 운영하던 프로필에서 상품에 반응이 오기 시작하면 사업자등록증을 추후에 입력한다.

④ 기존에는 하지 못하던 상품 등록, 전문가모드 등을 시작하여 전투적으로 판매한다.

# 스토어 이름이
# 매출을 결정한다

 **세련된 이름? NO! 당근스러운 이름은?**

당근마켓에서 비즈프로필 이름은 신뢰도에 굉장한 영향을 준다. 여러분은 쿠팡이나 네이버에서 물건을 구매할 때 스토어의 이름을 본 적이 있는가? 어쩌다 한 번 봤다 하더라도 스토어 이름이 구매에 영향을 미친 적은 거의 없을 것이다.

대부분의 플랫폼에서는 판매자의 이름을 확인하는 일이 거의 없다. 하지만 당근마켓은 다르다. 아직 당근마켓에서 비즈프로필의 이름이 중요하다는 것을 눈치 채지 못했다면 당근마켓을 100% 이해하고 있지 않다는 것이다.

당근마켓에서 판매자의 비즈프로필 이름이 중요한 이유는 2가지이다.

**→ 첫째, 당근마켓의 고객들은 우리가 파는 물건에 철학이 있을 거라고 믿는다.**

보통 온라인 쇼핑을 할 때는 검색한 뒤 가격을 비교해 보고 상세페이지도 대충 훑어본 후에 구매한다. 하지만 당근마켓은 다르다. 당근마켓의 고객들은 물건을 홍보하는 사람이 내 주변에 있는, 자신의 물건에 철학이 있는 '자영업자'라고 생각한다. 그래서 당근마켓에서 성공하려면 소식 안에 물건에 대한 나의 철학을 보여 주어야 한다. 당근마켓에서는 비즈프로필 이름과 물건 이름이 같으면 고객 입장에서 물건의 진실성을 믿게 된다.

예를 들어 만약 당신이 '재래식 된장'을 홍보하는 글을 보고 들어가서 읽고 있다. 상세페이지 내용이 아주 진실해 보이고 된장을 제조하는 과정부터 본인의 철학까지 아주 상세히 쓰여 있다. 그런데 그 상점의 이름이 '정수기 렌탈'이라면 어떻겠는가? 이 상점에 대한 신뢰가 확 떨어질 것이다. 하지만 반대로 상점의 이름이 '유연승 재래 된장'이라면 어떻겠는가? 이게 구매 전환으로까지 이끌어 줄지는 알 수 없지만 적어도 고객에게 신뢰를 잃는 일은 없을 것이다.

**→ 둘째, 상점 이름이 너무 잘 보인다.**

네이버 스마트스토어나 쿠팡의 경우 내가 구매하려는 사이트의 이름을 찾는 것이 더 어렵다. 하지만 당근마켓은 클릭할 때부터 스토어 이름이 노골적으로 나온다.

⋯▸ 당근마켓 앱 실행 시 피드가 노출되는 화면

⋯▸ 당근마켓 앱에서 광고를 클릭했을 때 나오는 화면

홍게를 파는 곳 이름이 '우리홍게'이다. 이러니 비즈프로필 이름을 신경 안 쓸래야 안 쓸 수가 없다.

그럼 어떻게 해야 할까? 나는 장사를 처음 하는 사람이고 추후에 어떤 물건을 팔게 될지도 모르는데 저렇게 이름에 '홍게'를 박으란 말인가?

내가 추천하는 것은 처음에는 중의적인 이름으로 진행하다가 여러분의 수익을 확 올려 주는 물건이 나오면 그 물건의 콘셉트 몰로 비즈프로필 이름을 바꾸는 것이다. 실제로 2025년 현재 내 수강생들이 이렇게 한 물건으로 성공하여 자체 브랜딩을 한 케이스가 6건이나 된다. 전부 처음에는 종합 몰로 시작해서 콘셉트 몰로 바꾸었다.

그러니 시작할 때 이름을 신경 쓰느라 다음 단계로 진행하지 못하는 일이 없기를 바란다. 여러분이 초보자라면 지금 시작한 물건을 언제까지 판매할 수 있을지 모른다. 그러니 이름은 너무 신경 쓰지 말고 우선 진행하자. 성공의 필승법은 일단 시작하는 것이다.

그렇다면 당근마켓에서는 어떤 이름이 좋을까?

"약간 촌스러운 이름이 먹힐 것 같은데?"

이렇게 생각했다면 아주 잘 짚은 것이다. 당근마켓에서는 세련된 이름보다 앞에서 말한 '유연승 재래 된장' 같은 구수하고 직관적으로 판매자의 철학이 느껴지는 이름이 훨씬 좋다. 장사를 처음 시작하는 수강생의 99%가 처음에 아주 세련된 이름의 종합 몰로 시작하는데 나는 속으로 생각한다. '아 1년 후에는 전혀 다른 이름이겠구나!'

## 🥕 사실 더 중요한 것은 시도하는 것이다

다시 말하지만 비즈프로필 이름 때문에 장사를 시작하지도 못하고 스트레스를 받는 건 정말 멍청한 짓이다. 나는 일단 시작하라고 한다. 사실 비즈프로필 이름이 당근마켓에서 네이버 스마트스토어나 쿠팡 같은 타 플랫폼보다 조금 더 중요할 뿐이지 장사에 절대적으로 영향을 미치는 것은 아니다. 차라리 다른 부분에 신경을 더 쓰는 것이 중요하다. 그렇다면 당근마켓 장사에서, 아니 온라인 장사 전반에서 가장 중요한 것은 뭘까?

바로 '시도'하는 것이다.

"자기계발서 같은 이야기 그만 하고 실용적인 것 좀 알려 주세요."

이렇게 말하는 여러분의 모습이 눈앞에 선하다. 그런데 나는 자기계발서마냥 뜬구름 잡는 이야기를 하는 것이 아니다. 정말로 당근마켓 장사에서, 아니 온라인 장사 전반에서 필승법은 '시도'를 하는 것이다. 더 정확히는 여러 번 '시도'하는 것이다.

여러분 생각에 나는 10개 물건 중 몇 개 물건을 성공할 것 같은가? 9개 물건? 8개 물건? 당근마켓으로 꽤나 성공한 나도 단지 3~4개 물건을 성공한다. 장사에 백발백중은 없다. 장사의 신이 온다 해도 모든 사업을 성공하기는 어렵다. 게다가 온라인 장사는 경쟁자가 무척 많다. 여기서 원샷원킬을 노릴 수는 없다. 여러 물건에 대한 이해도를 쌓고 하나씩 도전해 보자. 그럼 분명히 여러분에게 성공을 안겨다 줄 한 물건이 나올 것이다.

여러분이 당근마켓을 도전하는 이유는 무엇인가? 네이버 스마트스토어나 쿠팡을 하는 것이 아니라 당근마켓을 하는 이유는 무엇인가? 경쟁자가 다른 곳보다 적거나, 혹은 상품에 따라 아예 없기 때문 아닌가?

정말 여러분이 내 유튜브를 보고, 이 책도 보면서 한 물건 한 물건 성실하게 했다면 단언하건대 현재 당근마켓 시장에서는 5개 물건 안에 승부를 볼 수 있다. 이건 내가 개인 컨설팅이 들어올 때마다 하는 말인데 한 번도 틀린 적이 없었다.

# 결혼 6개월 앞두고
# 퇴사한 셀러

인터뷰 영상 보기

유튜브 「일평사장」 수강생 인터뷰

보통은 인터뷰를 할 때 제가 수강생이 계신 곳으로 갑니다. 근데 이분은 기꺼이 저희 동네(인천 송도)까지 와 주셨습니다. 마침 곧 결혼할 여자친구분이 저희 동네 근처에 사셔서 오신 김에 저를 만난 거였습니다. 이분은 한마디로 표현하면 '친구 같은 분'이었습니다. 나이는 저보다 몇 살 적었는데, 인터뷰가 끝나고 고깃집에서 소주 한잔을 하며 장사 이야기 외에도 다양한 이야기를 나누었습니다. 같은 장사꾼이라 공감대 형성이 잘돼서 즐거웠습니다.

이분은 원래 온라인 쇼핑몰 MD였는데 온라인 장사도 해 볼 만하겠다는 생각으로 도전했습니다. 2024년 7월에 시작해서 첫 물건으로 조금 재미를 봤는데, 이후로는 올리는 물건마다 대체로 실패했습니다. 이야기를 들어 보니 정말 수십 물건을 도전했습니다. 다행히 2024년 11월경부터는 감을 잡고 성공가도를 달렸습니다. 수십 물건이면 어떻고, 수백 물건이면 어떻습니까? 이렇게 성공할 수 있다면 그 정도 도전은 해 볼 만하지 않나요?

이분은 경제적인 철학도 저보다 더 까다로웠습니다. 보통 남자분들은 현금이 많이 생기면 차 바꿀 생각을 많이 하는데 이 분은 이렇게 말했습니다.

"한 달 순수익으로 살 수 있는 차만 살 거예요. 한 달 순수익으로 제**스 살 수 있는 정도가 되면 차 바꾸겠습니다."

한 달 순수익으로 차를 사겠다니요. 보통은 6개월 치, 1년 치 수익은 다 쏟아부어야 하는 게 차인데 말이지요.

이분은 곧 유부남이 됩니다. 결혼하면 제가 있는 동네 근처로 오실 계획이라고 하셨습니다. 그게 현실이 될지는 아직 모르겠지만 만약 그렇게 된다면 가까이에 좋은 장사 친구가 생기는 거라 기대가 됩니다.

# 팔리는 구조를 만드는 당근마켓 실전 전략

# 스토리로 파는
# 당근마켓 판매법

당근마켓에서는 중고 판매를 제외하고 3가지 판매 방식이 있다. 간혹 당근마켓에서 새 물건을 팔면 위반행위이다, 위반행위를 홍보하느냐 등 이상한 말을 하는 사람들이 있는데 전혀 그렇지 않다. 중고 물건인 척하고 새 상품을 판매하는 것은 당연히 위반 행위이다. 심지어 당근마켓은 제재도 강력해서 한 번 제재를 받으면 5~6년씩 당근마켓을 이용하지 못하게 만들어 버린다.

그러니 중고 물건인 것처럼 새 물건을 떼다 파는 행위는 지양하자. 이미 내 강의나 유튜브를 통해 그런 방식으로 수익을 내는 사람도 많은 걸로 알고 있는데 이제는 정상적인 루트로 방향을 바꾸기 바란다. 걱정 마라. 당근마켓은 상장을 목표로 하는 야망이 큰 회사이다. 당근마켓이 승승장구하리라 믿고 정상적인 방법으로 물건을 팔자.

프로필



··· 당근마켓에서 새 물건을 중고 물건처럼 올렸을 때 제재 화면

당근마켓에서 물건을 판매하는 3가지 방법에 대해 이야기하겠다. 가장 보편적인 방식은 바로 '소식 판매'이다. 원래 당근마켓을 시작할 때는 99%가 소식 판매였는데 이제는 80% 정도로 줄었다. 나머지 20%는 '상품 판매'인데 이건 나중에 설명할 것이다. 어찌되었든 네이버 스마트스토어처럼 등록된 '상품 판매'가 아니라 당근마켓 고객들은 앞으로도 꽤 오랫동안 '소식 판매'를 즐길 것처럼 보인다.

그럼 소식 판매란 무엇인가? 소식이란 당근마켓에서 쓰는 '블로그' 같은 개념이다. 당근마켓을 개설하면 글을 쓸 수 있는데 그 글을 홍보하여 판매로 이어지게 하는 방식이다.

광고를 클릭하면 다음 페이지의 오른쪽 이미지처럼 '글'이 나온다. 화려한 이미지에 GIF(움직이는 사진) 같은 것들이 나오는 게 아니라 글이 나오는 것이다. 그리고 아래에 있는 버튼은 일반적인 '구매하기' 버튼이 아니라 '전화 문의', '채팅 문의' 버튼이다. 여기서 전화나 채팅을 걱정하는 사람이 많을 텐데 걱정하지 마라. 여러분이 채팅 때문에 귀찮아질 때는 이미 장사가 엄청 잘되어서 행복한 고민이 될 것이다.

그럼 당근마켓에서는 왜 네이버 스마트스토어나 쿠팡처럼 화려한 상세

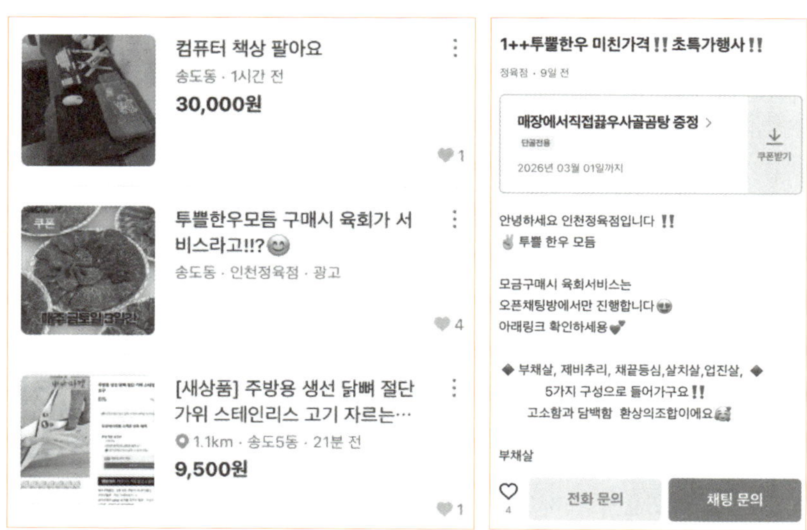


… 당근마켓 앱 실행 시 피드가 노출되는 화면

… 당근마켓 앱에서 광고를 클릭했
을 때 나오는 화면

페이지와 구매하기 버튼이 있는 게 아니라 블로그 글 같은 것이 나오고 그
걸로 판매가 되는 걸까?

여기서 헛다리를 안 짚으려면 당근마켓의 특색을 알아야 한다. 상세페
이지에 대해서는 나중에 더 자세히 다루겠다. 먼저 당근마켓의 특색을 알아
보자.

네이버 스마트스토어나 쿠팡에서는 왜 화려한 이미지로 우리를 꾀는 걸
까? 그들은 소비자가 상세페이지를 거의 보지 않는다는 것을 알고 있다. 이
미 가독성이 중요한 게 아니라 그들이 원하는 정보만 우리 머릿속에 어떻게
든 넣고 싶은 것이다. 왜 그럴까? 간단하다.

**고객이 검색해서 들어오기 때문이다.** 우리는 네이버 스마트스토어나 쿠팡에서 무언가를 구매할 때는 '검색'을 해서 접속한다. 그러니까 이미 어떤 물건을 구매할지 정해 둔 상태이다. 그 안에서 합리적인 소비만 하면 된다. 내가 원하는 재질인지, 원하는 재료가 들어가 있는지를 확인하고 모든 게 동일하다면 가격은 합리적인지만 고려하던 된다는 것이다. 그래서 '스마트(smart) 스토어' 아닌가?

하지만 당근마켓은 어떤가? 검색을 하지 않는다. 즉 검색 없이 고객에게 내 상품이 노출된다. 고객들은 클릭할 때부터 100% 흥미로 이끌려 들어오게 된다는 것이다. 흥미로 들어온 고객들은 먼저 상세페이지를 읽는다. 마치 정보를 찾으러 들어온 '블로그'처럼 상세페이지를 읽는 것이다. 그래서 당근마켓에서는 화려한 이미지보다 간결한 이미지와 진정성 있는 글이 훨씬 더 잘 작동한다.

다시 한 번 이야기하지만 상품을 판매하는 플랫폼에 대한 이해 없이는 어떤 곳에서도 잘 팔 수 없다.

**타 플랫폼**

검색 → 노출 → 비교(설득) → 구매 전환

**당근마켓**

노출 → 설득 → 구매 전환

아직 잘 와 닿지 않는가? 걱정 마라. 글로 이야기하는 것은 한계가 있고, 어차피 직접 실행해 보기 전까지는 이론만 알고 있을 뿐이다. 게다가 소식에 대한 이야기는 간단하게 끝낼 수 있는 것이 아니니 별도의 장에서 길게 설명할 것이다. 우선 지금은 어떤 흐름으로 고객들이 구매를 하고, 왜 화려한 이미지보다 소식의 글, 즉 스토리가 중요한지만 이해하면 된다. 그럼 소식을 제작하는 방법을 알아보자.

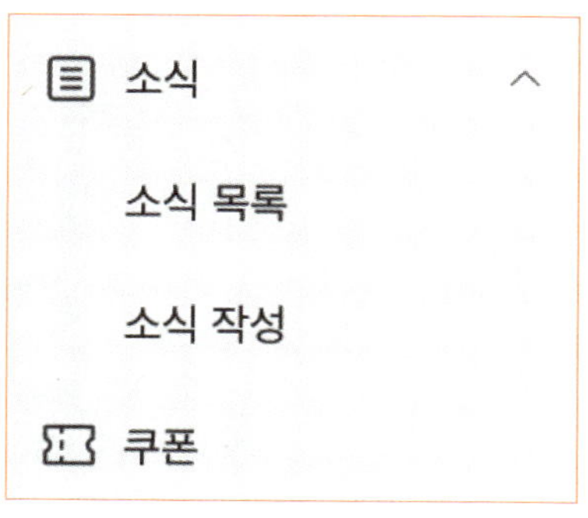



⋯▸ 당근비즈니스 비즈프로필 소식 부분

앞에서 비즈프로필을 완성했다면 '소식 목록'을 볼 수 있다. 사업자등록증이 없는 사람들은 다음과 같은 글이 뜰 수 있다.

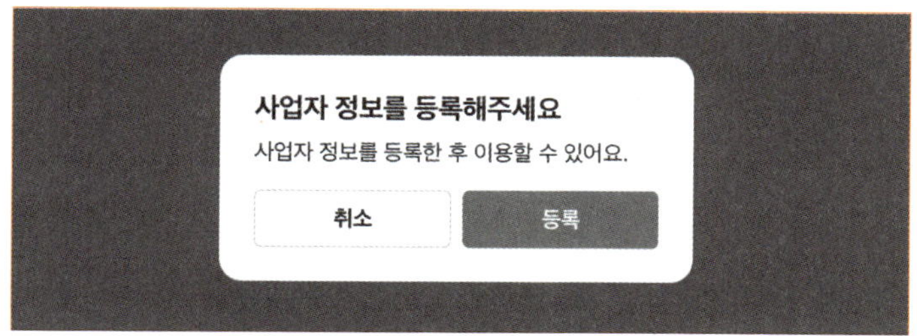



⋯▸ 당근비즈니스 비즈프로필에서 소식 작성 선택 시 나오는 화면

앞서 말한 것처럼 만약 내가 사업자 없이 진행을 한다면 '과일', '농산물'

쪽은 제약이 많다. 농산물은 사업자 없이는 아예 글도 못 쓰게 되어 있으니 '기타식품가공품'이나 타 카테고리로 들어와야 한다.



⋯▸ **당근비즈니스 비즈프로필 소식 작성 시 첫 화면**

사업자등록증까지 승인을 받았거나 내가 말한 것처럼 카테고리를 '농산물' 분야가 아닌 쪽으로 들어왔다면 소식을 작성할 수 있다. 소식은 꼭 컴퓨터로 작성하자. 휴대폰으로 써도 되는데 왜 굳이 컴퓨터로 쓰라고 하느냐고 반문하는 사람도 있을 수 있는데, 난 도대체 휴대폰으로 얼마나 정성스런 소식 페이지를 만들 수 있다고 생각하는지 모르겠다.

네이버 스마트스토어나 쿠팡에서 상세페이지를 만들려면 몇십만 원을 써야 한다. 그런데 당근마켓에서는 노력만 하면 소식 페이지를 몇 번이든 만들 수 있다. 다시 말하지만 나는 여러분이 컴퓨터로 정성스럽게 소식 페이지를 정리했으면 한다.

여기서 가장 많이 받는 질문이 소식 페이지 안에서 글과 이미지를 혼합하는 방법이다. 왼쪽 상단의 에디터 변경을 눌러서, '사진 + 글 혼합'을 눌러주면 이미지와 글을 함께 작성할 수 있다.

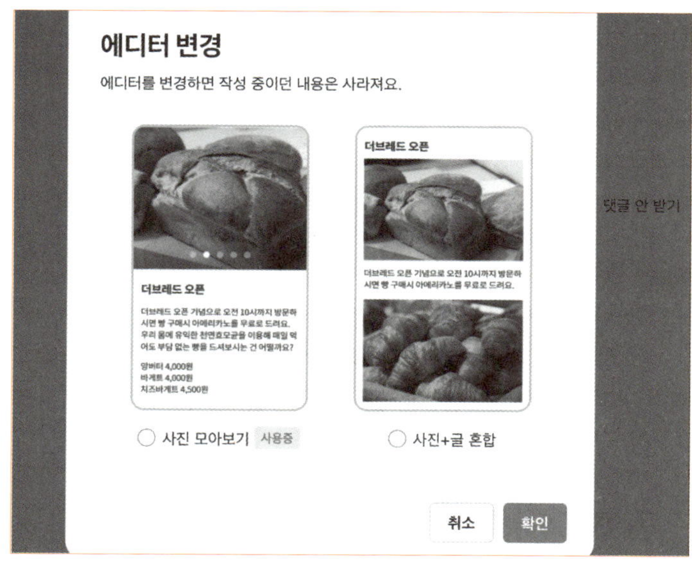


···▸ 당근비즈니스 비즈프로필 소식 작성 시 에디터 변경 화면

마지막으로 이 페이지에서 중요한 게 하나 있는데 바로 아래 '알림'이다.

···▶ 당근비즈니스 비즈프로필 소식 작성 시 '작성 완료'와 '알림' 버튼 화면

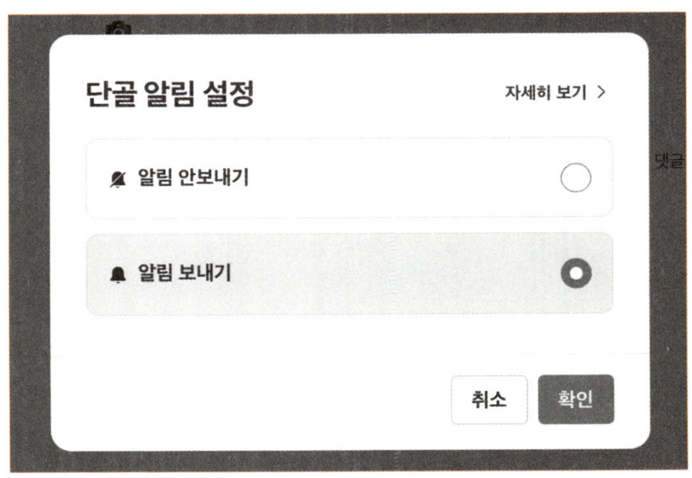



···▶ 당근비즈니스 비즈프로필 소식 작성 시 '알림' 버튼을 선택했을 때 화면

알림은 하루에 한 번만 사용할 수 있다. 알림 보내기를 체크하고 소식 페이지를 작성하면 내 단골들에게 공짜로 알림이 전달된다. 참고로 나는 매일 알림 보내기를 하기 위해 이전 소식을 복사·붙여넣기하는 한이 있더라도 새 소식을 작성한다.

다만 알림 기능을 사용할 때 다음 내용은 명심해야 한다.

야간 시간대에는 쓰지 않는다. 야간 시간대에는 푸시 알림이 아니라 활동 알림으로 고객들에게 전달되기 때문이다. 푸시 알림이란 당근마켓을 켜지 않아도 핸드폰에 뜨는 것을 말하고, 활동 알림이란 당근마켓을 켜고 내 알림 소식을 봐야지만 나오는 것인데 오후 9시에서 다음 날 오전 8시까지는 당근마켓을 켜지 않아도 휴대폰에 뜨게 된다.

## 🥕 당근마켓 자동화? 상품 직접 판매

당근마켓에서는 '상품' 등록을 통한 판매도 있지만, '소식' 판매가 80% 이상이다. 당근마켓에서는 고객이 구매할 때 수수료를 받기 위해 '상품' 등록이 가능하게 만들었는데 정작 고객들은 여전히 '소식'을 통해 구매를 한다는 것이다.

그럼 당근마켓에서는 네이버 스마트스토어나 쿠팡처럼 고객이 알아서 구매하고, 알아서 돈이 들어오는 자동화는 불가능한 것인가? 꼭 그렇지는 않다. 나는 장사가 자동화라는 것에 동의하지는 않지만 그런 시스템 자체를 만드는 것은 어렵지 않다. 여기서는 그 이야기를 해 보겠다.

처음 당근마켓을 시작하는 사람들에게는 상품을 광고하든 소식을 광고하든 이게 무슨 차이가 있나 싶을 수 있다. '소식'의 스토리가 중요하다면 '상품' 안에 그 스토리를 넣으면 되는 것 아닌가라고 생각할 수 있는데 반은 맞지만 반은 틀렸다. 왜냐하면 그 효과를 고객의 반응으로 알 수 있기 때문이다. 고객들의 구매 전환율이 '소식' 광고일 때보다 '상품' 광고일 때 훨씬 떨어진다. 당근마켓 고객들은 '소식'을 통해 우리를 먼저 알고 싶어 하지, 네이버 스마트스토어나 쿠팡에서 구매하듯이 바로 상품을 보고 싶은 것이 아니라는 것이다.

그래서 '소식'의 글을 통해 고객을 충분히 설득한 후에 구매 전환을 노리는 것이 당근마켓의 필승법이다. 그럼 '상품' 자체를 광고하는 게 잘 안 먹힌다면 자동화는 어떻게 할 수 있는가? 바로 소식 안에 상품으로 연결되게 하는 것이다.

당근마켓 '소식'에는 '쿠폰'을 넣을 수도 있고 '상품'을 넣을 수도 있다. 더 정확하게 이야기하면 '소식'에는 '쿠폰' 혹은 '상품' 둘 중 하나만 넣을 수 있는데, '쿠폰'을 넣는다면 '쿠폰'이 맨 상위어 노출된다.

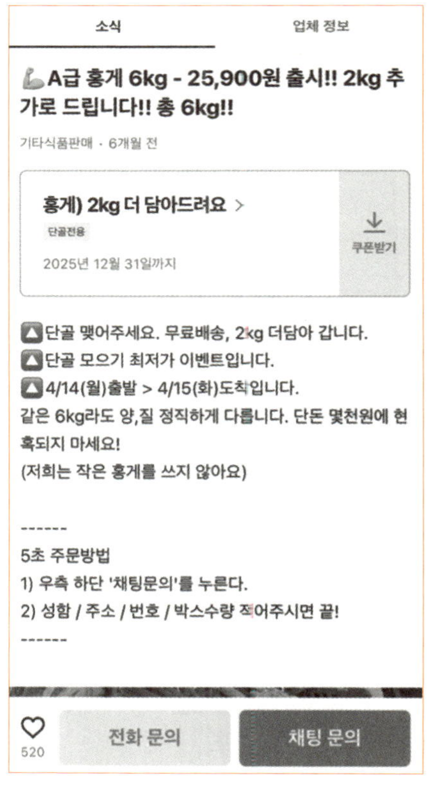


···→ **소식 광고의 쿠폰 위치 호·면**

상위에 노출되면 고객의 눈을 바로 끄는 효과가 있다.

"뭐 2kg을 더 담아 준다고?"

만약 오프라인 가게를 운영한다면 '소주 한 병 무료 쿠폰'을 넣을 수도 있다. 쿠폰은 자체의 기능을 넘어서 고객의 눈을 사로잡는 효과가 강력하다.

쿠폰 대신에 '상품'을 넣을 수도 있다. 여기서 내 강의를 어설프게 듣고 '상품' 링크를 연결하는 경우가 있는데 고객들은 의심스러운 링크를 정말 싫어한다. 그리고 당근마켓의 시스템은 자주 변해서 링크를 연결하면 그 링크가 깨지는 경우도 자주 있다. 그래서 링크를 연결하는 건 정말 비추천이라고 꾸준히 말하고 있다. 반면에 '상품'을 넣는다면 다음처럼 소식의 맨 하단에서 볼 수 있다.

'상품'을 '소식' 안에 넣으면 이렇게 맨 하단에 위치한다.

···▶ 소식 광고 하단 상품 위치 화면

나는 소식을 항상 2개 만든다. 완전 동일한 내용의 소식을 만든 뒤 하나는 쿠폰을 넣고, 하나는 상품을 넣고 돌린다. 이렇게 광고를 돌리면 50%는 자동화되어서 팔리고, 나머지 50%는 소식을 통해 채팅 문의로 판매가 이루어진다.

당근마켓은 아직 같은 소식을 여러 번 작성하는 것에 대해 제한하지 않는다. 또 같은 소식을 이틀에 걸쳐서 만들면 고객들에게 알림도 2번 갈 수 있으니 2가지를 모두 노리는 것이다.

이 방법은 수강생과의 인터뷰를 통해 수강생에게 배운 전략이다. 그 수강생은 현재 100% '상품'이 들어 있는 '소식'을 광고한다. 나는 아직 용기가 부족해서 50%씩 광고를 돌리고 있지만 그 수강생의 방식이 더 발전된 것일 수 있다.

당근마켓에서 상품을 등록하는 방법은 아주 간단하다. 비즈프로필 개설 시에 말했던 것처럼 상품 등록은 '식품' 분야의 사업자등록중이 기재된 경우에만 할 수 있다. 하지만 사업자등록증이 없어도 '소식' 판매는 가능하니 너무 좌절하지 말자.

일단 처음 시작하면 왼쪽에 '상품 판매'라는 버튼이 있다. 그걸 누르면 '상품 판매 신청' 버튼이 나온다.

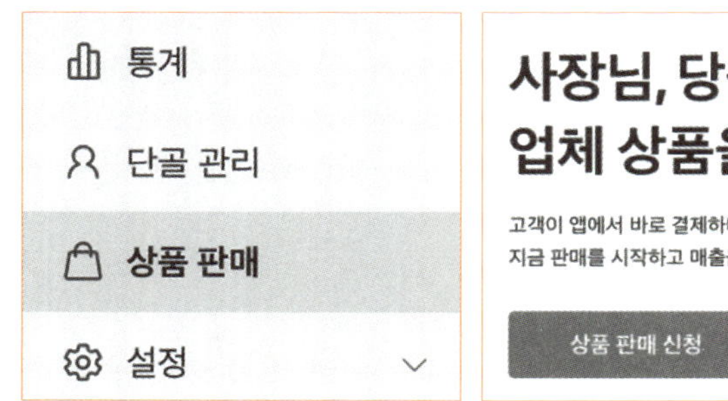



⋯ 당근비즈니스 비즈프로필 상품   ⋯ 당근비즈니스 비즈프로필 상품 선택 시 첫 화면
선택 화면

'상품 판매 신청'을 누르면 처음의 경우 여러 가지 동의해야 하는 것들이
있다. 그걸 누르고 넘어가자.

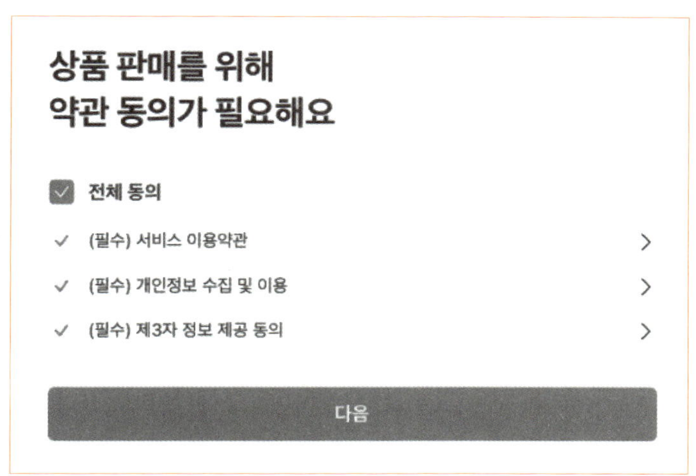



⋯ 당근비즈니스 비즈프로필 상품 첫 등록 시 약관 동의 화면

그럼 이 단계에서 반드시 사업자등록증과 통장사본을 요구한다. 즉 사업자등록증이 반드시 있어야 한다는 것이다. 이 단계에서 아래처럼 사업자 정보를 넣고 당근마켓에서 승인을 해 주면 '상품 판매'에 상품 관리, 주문 관리, 정산 내역 이렇게 3가지 메뉴가 추가로 생긴다.

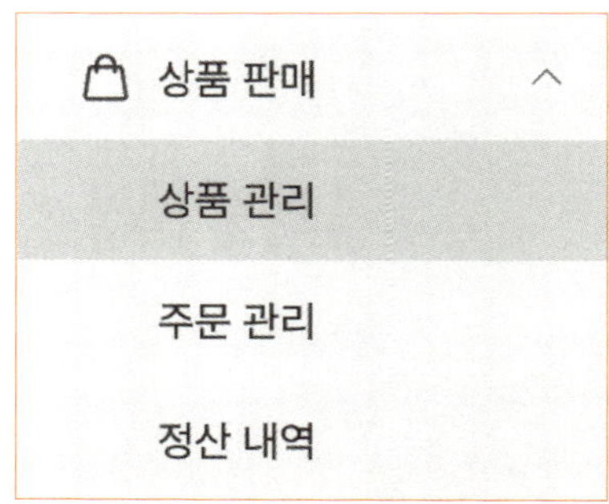


⋯ 당근비즈니스 비즈프로필 상품 등록 시 필요서류 화면



⋯ 당근비즈니스 비즈프로필 상품 첫 등록 이후 변화된 상품 메뉴 화면

여기서 '상품 관리'에 들어가서 '상품 등록'을 눌러 주면 상품을 등록할 수 있다.

⋯ 당근비즈니스 비즈프로필 상품 관리 선택 시 화면

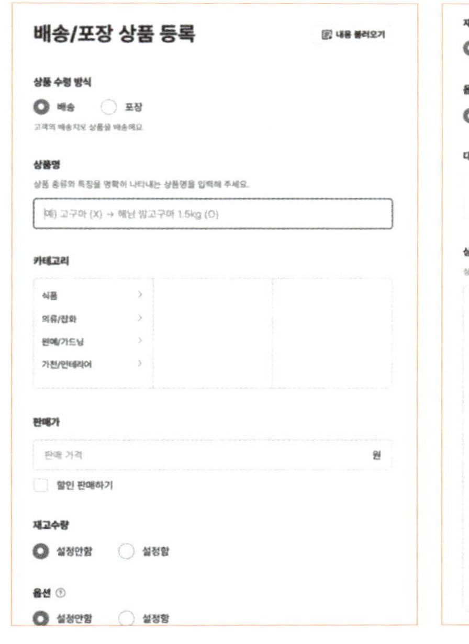



⋯ 당근비즈니스 비즈프로필 상품 등록 화면

⋯ 당근비즈니스 비즈프로필 상품 등록 시 이미지와 상세 설명 기입 화면

> 상품정보 제공고시 ⑦
>
> 상품정보 제공고시 설정  >
>
> 미리보기   임시저장   **등록하기**



여러 가지 항목이 있지만 특별히 유의해야 하는 것은 없다. 모두 내 상품에 맞춰서 입력해 주면 된다.


## 🥕 내 쿠팡, 네이버 스마트스토어로 연결한다?

당근마켓뿐만 아니라 모든 플랫폼에서의 필승법은 같다. 바로 '적을 알고 나를 아는 것'이다. 여기서 '적'은 내가 들어가려는 플랫폼을, '나'는 내 물건을 말한다. 그러니까 무엇보다 하나의 플랫폼에서 승리하는 방법은 그 플랫폼과 내 물건을 정확히 이해하는 것이다.

반대로 생각하면 실패하는 사람들의 행동 패턴은 뻔하다. '남이 했다더라~' 하는 소문을 듣고 그냥 덮어 놓고 올리는 것이다. 네이버 스마트스토어에 있던 이미지, 쿠팡에 있던 스토리 그대로 당근마켓에 올린다. 그리고 실패한다. 이런 방식으로 하면 '필패'할 수밖에 없다.

여기까지 책을 정독한 사람이라면 당근마켓의 고객들이 어떤 심리로 물건을 구매하는지 이해했을 것이다. 여러분 생각에 여러분이 열심히 만든 소식 페이지에 네이버 스마트스토어나 여러분 자체 몰로 링크를 연결한다면 효과가 있을 것 같은가?

당근마켓 고객들의 심리는 당근마켓에서 물건을 사는 것조차 '당근 생활'을 하는 것이다. 좋은 물건을 개꿀 가격에 건지는 것 말이다. 그래서 당근마켓에서 외부 링크를 연결하는 것에는 2가지 단점이 있다.

첫째, 고객들이 광고 저항을 하게 만든다. 이 링크로 들어가기 전까지는 좋은 자영업자가 당근마켓에 좋은 가격에 올렸구나 하고 생각했더라도 링크로 들어가 세련된 상세페이지를 보면 광고 저항이 생기게 된다.

둘째, 어떤 플랫폼이든 플랫폼에 충성도가 높은 사람들은 플랫폼이 전환되는 것을 싫어한다. 유튜브를 볼 때 가끔 뉴스 기사를 링크해 놓은 것을 보는데, 기사 링크로 들어가면 쿠팡 광고나 알리익스프레스 광고를 꼭 봐야 한다. 여러분은 이 상황을 좋아하는가? 단언컨대 아닐 것이다.



··· **유튜브에서 외부 사이트로 연결하는 링크**

유튜브는 요즘 우리가 사용하는 앱 중 가장 플랫폼 충성도가 큰 편인데, 어떻게 보면 이 '유튜브 생활?'이 '당근 생활'과 비슷하다. 우리는 유튜브라는 앱 안에서 정보 얻는 것을 좋아하지 외부로 빠지는 것을 좋아하지 않는다.

당근마켓도 마찬가지다. 당근마켓 안에서도 구매할 수 있고 채팅할 수 있다. 근데 굳이 판매자의 편의에 따라 또 다른 사이트로 들어가야 한다면?

얼마나 대단한 물건인지 몰라도 고객들은 좋아하지 않는다.

마케팅에는 이런 말이 있다.

"구매 전환 단계는 짧을수록 좋다."

고객이 이미 나의 글에 설득되어 관심을 가졌다면 그때 바로 팔아야지, 다른 사이트로 들어가서 또 로그인하게 단들면 마케팅 철학적으로 정말 좋지 않다.

"아닌데? 스마트스토어나 외부 채널로 해도 잘 팔리던데?"

물론 이런 경우도 있긴 하다. 하지만 장담하는데 같은 물건을 당근마켓 내부에서만 판다면 훨씬 더 잘 팔릴 것이다. 판매자의 편의에 고객을 맞추지 마라.

# 당근마켓에 최적화된
# 3단계 판매 시스템

인터넷에서 물건을 구매해 본 적이 있는가? 당연히 답은 "YES!"일 것이다. 만약 "NO!"라면 반성하라. 인터넷 쇼핑몰을 이용해 본 적도 없으면서 인터넷 쇼핑으로 돈 벌 생각을 하다니…. 당연히 "YES!"인 여러분은 이미 네이버 스마트스토어, 쿠팡 등 쇼핑 플랫폼에 익숙할 것이다. 요즘은 인스타그램이나 쓰레드에서도 광고를 많이 하고 판매가 이루어지는 듯하다.

그럼 이런 플랫폼에서 판매할 때 성공하는 필승법은 무엇일까? **그 플랫폼을 이해하고 있어야 한다는 것이다.** 그런데 만약 여러분이 인스타그램이나 쓰레드로 돈을 벌고 싶은데 사용해 본 적이 없다면? 거기서 판매가 어떻게 이루어지는지 모른다면? 당연히 그 플랫폼을 이용해 보는 것이 먼저이다.

**당근마켓도 마찬가지다.** 여러분은 당근마켓을 사용하고 물건을 구매해 본 적이 있는가? 당근마켓을 한 번도 써 본 적이 없는데 당근마켓에서 물건을 팔아서 부자가 되겠다고? 정말 어불성설이다!

지금부터 우리가 물건을 판매할 플랫폼을 이해하고 분석하는 시간을 가져 보자.

첫째, 우리가 기존에 알고 있던 네이버 스마트스토어나 쿠팡을 분석해 보자. 최근에 나는 네이버 스마트스토어에서 청국장을 구매했다. 구매하려다 보니 청국장에도 종류가 많다는 걸 알게 됐고, 쿠팡보다는 네이버 스마트스토어가 좋겠다고 생각했다. 나의 구매 절차는 이렇다.

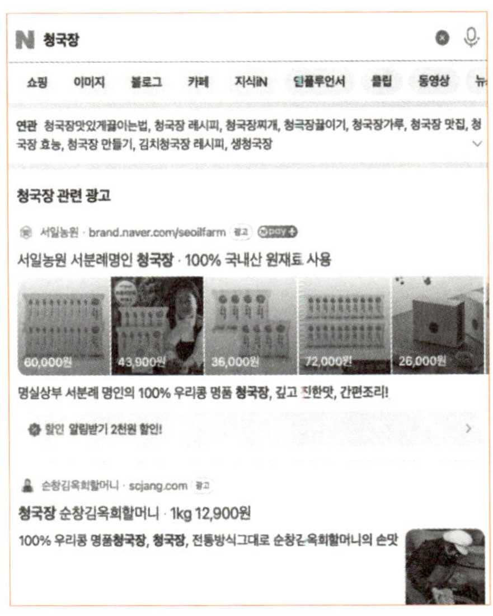

⋯ 네이버에서 '청국장' 검색 시 나오는 화면

먼저 네이버에서 검색을 했다. 뻔한 이야기를 한다고? 물건을 살 때 검색을 안 하는 경우가 있냐고? 두고 봐라. 전혀 그렇지 않을 수도 있다.

⋯ 네이버에서 '청국장' 검색 후 쇼핑으로 들어온 화면

나는 검색을 한 후에 쇼핑으로 들어가 '노출'되는 것들 중 마음에 드는 것을 2~3개 클릭해 보았다. 광고를 제외하고 가격이 너무 비싸지 않으면서 후기가 많은 것들 위주로 클릭했다. 여러분은 어떤가? 사람에 따라 2~3페이지까지 다 클릭해 보는 경우도 있고, 나처럼 상단에 노출된 것들 중 2~3개만 클릭하는 경우도 있을 것이다.

**⋯ 네이버에서 '정국장' 검색 후 상품 선택 화면**

마지막으로 흔히 '상세페이지'라고 부르는 페이지에 들어갔다. 여기서 여러분은 무엇부터 체크하는가? 나는 후기부터 본다. 많은 사람이 여기서 '낮은 평점순'의 후기를 찾는 것 같은데 나는 이미지 후기만 몇 개 보고 만다. 그리고 택배비를 살펴보고, 최종 결제 금액을 확인한다.

여기서 나를 포함해서 많은 사람의 공통점이 있는데, 네이버 스마트스토어에서는 상세페이지에 있는 이미지를 대충 본다는 것이다. 그리고 어찌되었든 본인들만의 기준으로 마음에 드는 상품을 찾았다면 구매한다.

이처럼 우리는 네이버에서 물건을 찾고 구매하는 과정을 자연스럽게 안다. 왜? 많이 사용하니까…. 정리하면 네이버 스마트스토어에서 물건을 사는 과정은 검색, 노출, 구매 전환 3단계로 이루어진다.

### → 검색

이게 대수롭지 않아 보여도 고객들이 물건을 살 때 꼭 검색을 하는 단계가 있다면 네이버 플랫폼 판매자의 입장에서는 고객들이 검색할 만한 물건을 가지고 있어야 한다. 아무리 내가 멋진 '스마트 모자'를 개발했더라도 네이버에서는 고객들이 '스마트 모자'라고 검색하지 않으면 쇼핑에 노출될 수가 없다. 그러니 네이버 스마트스토어에서 판매할 경우 판매자 입장에서는 '검색할 만한 키워드'가 중요하다.

### → 노출

나의 경우 상단에 노출된 2~3개만 클릭한다고 했는데, 사람에 따라 2~3페이지까지는 보는 경우도 있다. 그리고 네이버에서는 '광고' 물건일 경우 '광고'인 것이 너무 티가 난다. 그래서 광고 저항이 쿠팡보다 상대적으로 강하다. 하지만 '광고'를 하는 네이버 스마트스토어 판매자의 입장에서는 본인 물건이 자연스럽게 상위 노출될 수 있어 이상적이다.

### → 구매 전환

네이버 스마트스토어에서 구매 전환에 가장 큰 영향을 미치는 것은 무엇보다도 '후기'일 것이다. 어쩌면 '상세페이지'보다 중요한 게 후기인데, 이유가 뭘까?

고객들은 이미 우리 물건이 뭔지 알고 있기 때문이다. 그들은 '검색'과 '노출'이라는 과정을 통해 내 물건의 판매 페이지에 들어왔다. 그러니 그들은 더 이상 상세페이지를 자세히 읽어 가며 내 물건의 정보를 얻을 필요가 없다. 그들이 원하는 정보는 이 물건을 기존에 구매한 사람들이 만족했는지이다. 그래서 90%의 고객은 상세페이지는 대충 훑어보고, 리뷰에 있는 이미지와 고객들의 평가를 더 신중히 고려한다.

이렇게 네이버 스마트스토어를 통해 기존 플랫폼 고객들의 패턴을 알아봤다. 어떤가? 우리가 흔히 쓰는 사이트인데도 이렇게 분석해 보니 그 동안 몰랐던 것을 알 수 있지 않는가? 그런데 당근마켓을 한 번도 써 보지 않고 당근마켓으로 돈을 번다는 건 말이 안 되지 않겠는가? 여러분이 진심으로 사업의 한 방편으로 당근마켓을 고려한다면 꼭 당근마켓을 많이 사용해 보기 바란다.

자, 그럼 이제 당근마켓 플랫폼을 이해해 보자.

## 🥕 당근마켓 장사의 단계

당근마켓을 사용해 보았는가? 물건을 구매해 보았는가? 광고는 몇 개 클릭해 보았는가? 당부한다. 꼭 해 봐라.

내가 갖고 있던 편견 중 최근에 깨진 것이 있는데, 바로 '20대'에 관한 것이다. 다행히도 이 멍청한 편견은 한 수강생 덕분에 아예 깨졌다.

20대를 대상으로 강의를 하거나 컨설팅을 하면 그들은 정말 잘 이해했다. 50대 분들은 1시간을 가르쳐야 하는 것을 그들은 10분이면 이해했다. 그리고 기술적인 설명을 할 필요조차 없었다. 다른 연령대는 버튼의 위치부터 어느 사이트로 들어가야 하는지를 상세하게 말해 줘야 하는데, 그들은 기술적인 것은 설명할 필요가 없었다. 그냥 뚝딱 했다. 가끔은 수천 번 해 온 나보다 빠르게 하기도 했다.

하지만 큰 단점이 있었다.

**본인이 안다는 착각에 빠져 노력을 하지 않았다.**

내가 아무리 "당근마켓을 사용해 봐라.", "당근마켓에서 팔 수 있는 물건의 시장조사를 해 봐라."라고 숙제를 내줘도 그들은 5분 안에 뚝딱 이해하고 실제로 하진 않았다.

"아~ 뻔하지 뭐…."

"뭐 더 있겠어? 내가 이해했는데?"

이런 식으로 생각하는 듯했다. 나는 속이 부글부글 끓었지만 입 밖으로 싫은 소리를 할 수는 없고, 그렇게 20대에 대한 편견을 갖게 되었다. 그런데 최근 그 편견을 깨게 된 수강생을 만났다.

건설회사를 다니다가 몸을 다치면서 온라인 장사를 시작한 20대 중반의 청년인데, 당근마켓에 대한 이해도가 높은 데다 직접 제조장에 찾아가서 물건을 가져오려는 노력까지 했다. 그렇게 진행한 첫 번째 물건은 '똔똔!'이었고, 두 번째 물건부터는 나름 괜찮은 성적을 거뒀다. 정말 소름이 돋을 정도로 잘해서 깜짝 놀랐다.

이 책은 여러분의 성공을 보장하지 않는다. 이 책으로 부족해서 내 강의를 찾아와도 좀 더 자세하게 설명해 줄 뿐 성공을 보장하지는 않는다. 꼭 여러분이 **직접 경험을 해 봐야** 한다.

"제발 해 보라고 말하면 꼭 한 번 해 봐라!"

그럼 문제를 내 보겠다.

앞서 네이버 스마트스토어나 쿠팡 같은 여타 플랫폼 장사에서는 검색, 노출, 구매 전환의 3단계가 있다고 했다. 그렇다면 당근마켓 장사에서는 몇 단계가 있을까?

정답은? **2단계**이다.

그럼 하나 더 물어보겠다. 2단계라면 저 3단계 중 하나가 빠졌다는 것인데 검색, 노출, 구매 전환 중 무엇이 빠졌을까? 그렇다. 당근마켓에는 1단계인 '검색'이 없다. 즉 노출, 구매 전환 2단계로 이루어진다는 것이다.

지금부터 당근마켓에서 물건을 구매해 보자.

당근마켓에 들어가서 구경을 하다 보면 가끔 다음 페이지 왼쪽 이미지와 같은 광고를 보게 된다. '박달급 홍게 4kg? 댓글도 많고 후기도 많이 달려 있는 것이 심상치 않아서 한 번 클릭해 본다.

클릭해서 들어가 보면 홍게 4kg에 3만 원 초반이라니 정말 저렴해 보인다. 게다가 더욱 신뢰가 가는 것은 홍게를 파는 가게 이름이 '홍게잡이배'이다. 좋은 물건을 저렴하게 팔 수 있는 이유가 설득이 된다. 하지만 구매하기 버튼은 없고 '쿠폰받기'와 '전화문의' 혹은 '채팅문의'뿐이다. 구매를 위해서는 채팅을 통해서 주문을 요청해야 한다. 이렇게 채팅으로 구매를 요청하고 계좌이체 혹은 카드결제를 하니 '구매 끝!'이다.

··→ **당근마켓 앱의 피드 화면**

··→ **당근마켓 앱의 피드에서 소식 광고 선택 화면**

이 과정을 판매자의 입장에서 정리해 보자.

첫째, 고객이 검색 없이 내 피드에 뜨는 광고를 클릭한다. 즉 당근마켓에서 고객들은 내 물건을 사기 위해 검색하지 않는다는 것이다. 이것은 어찌 보면 인스타그램과 비슷한 면이 있다. 인스타그램을 사용하는 사람들은 알겠지만, 중간중간 광고가 내 알고리즘에 맞춰 나온다. 나의 경우 자동차 용품, 반려견 카페 등이 많이 나온다.

하지만 인스타그램과 다른 점이 2가지 있다.

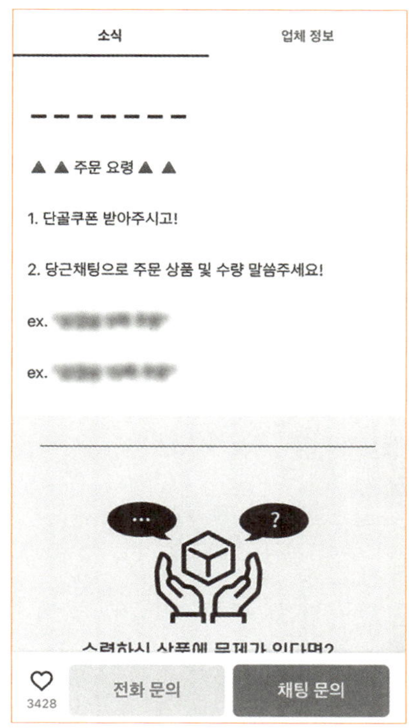


⋯▶ **당근마켓 소식 광고에서 주문 방법 화면**

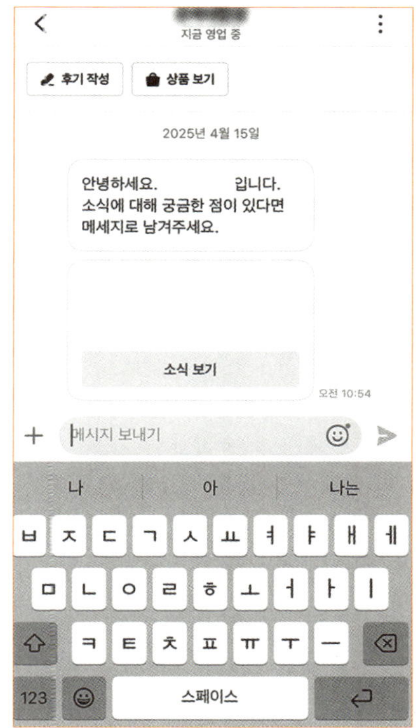


⋯▶ **당근마켓 소식 광고에서 '채팅하기' 선택 화면**

하나는 당근마켓은 고객들의 광고 저항이 약하다는 것이다. 인스타그램이나 뉴스 기사의 광고는 보지 않고 넘어가려는 저항이 강하지만, 당근마켓의 경우 일반 피드들과 잘 녹아 있어서 저항이 아주 약하고 또 고객들이 열려 있다.

다른 하나는 당근마켓은 지역적 기반이 강하다는 것이다. 내 인스타그램에 나오는 '반려견 카페' 광고를 보고 '좋은데?' 하는 마음으로 클릭해 보면 위치가 '남양주', '구리' 쪽이다. 참고로 나는 인천 송도에 살고 있다. 이들은 광고할 때 내 위치는 고려하지 않는다.

그런데 당근마켓에는 기본적으로 **내 주변**의 것이 노출되어서 내가 이용할 수 있는 서비스이거나 물건이라는 것을 의심할 필요가 없다. 이렇게 당근마켓에서는 검색 없이 고객들의 알고리즘에 맞는 **신뢰가 가는 광고**를 클릭하게 된다. 또 소식 페이지에 매력을 느끼면 채팅으로 구매를 하게 된다. 그리고 앞서 말한 사례처럼 당근마켓에서는 다른 플랫폼과 다르게 내 상점의 이름, 그러니까 비즈프로필 이름이 신뢰도에 영향을 미칠 수 있다.

소식 페이지에 대해서는 알려 줄 내용이 엄청나게 많기 때문에 나중에 따로 상세하게 설명하겠다. 여기서는 소식 페이지에서 채팅으로 이어진다는 점만 다루겠다.

이렇게 당근마켓에서의 장사는 노출과 구매 전환 2단계로 나눌 수 있다. 그러니 판매자 입장에서는 이 2단계를 착실하게 배우는 것이 장사의 필승법이라 할 수 있다. 그런데 나는 당근마켓에서 장사를 2년 정도 하면서 이게 끝이 아니라는 걸 알게 되었다. 사실 지금 말한 2단계보다 앞선 하나가 더 있다. 그건 바로 '상품 선택'이다. 다시 말하면 당근마켓에서는 무엇보다 팔릴 만한 상품을 '선택'하는 것이 중요하다.

타 플랫폼의 경우 팔지 않는 물건이 없다. 아마도 일반적으로 잘 사용하지 않는, 상상도 하지 못한 물건들도 팔고 있을 것이다. 그러나 당근마켓은 다르다. 당근마켓은 팔릴 만한 물건들만 팔린다. 그러니까 당근마켓에서 팔리는 물건들은 기준이 명확하다. 이 기준에 대해서는 나중에 더 자세히 이야기하겠다.

이제 당근마켓의 단계를 조금 수정해 볼 필요가 있다.

이렇게 말이다. 이들 단계에 대해서도 나중에 하나씩 설명할 것이다.

이 책은 기본에 충실했다. 당근마켓 비즈니스가 무엇인지도 모르는 여러분에게 너무 심도 깊은 내용을 공유하는 것은 책 두께만 두꺼워지고 좋은 선택이 아니다. 그래서 만약 여러분이 이 책을 통해 당근마켓에 입문한 뒤 더 깊이 배워 보고 싶다면 내 유튜브나 강의를 참고하면 좋을 것이다. 내 유튜브나 강의는 당근마켓의 변화에 맞춰서 매달 새로 촬영하고 있다.

# 단골 기능을 활용한
# 반복 구매 유도 전략

이 책을 읽는 분들 중에는 오프라인 매장 운영자도 있을 것이고, 온라인 창업자도 있을 것이다. 온·오프라인 안에서 이미 본인만의 카테고리가 있거나 아직 정하지 못한 상태일 수도 있다. 이제 당근마켓이라는 시장을 어느 정도 파악했다면 그 시장을 잘 분석해서 **어떻게 활용할 것인지 전략을 세우는 것**이 중요하다.

최근 서울시에서 지원하는 공유주방에서 '밀키트'를 제조해 성공한 사장님이 있다. 나와 연배가 비슷한 분인데 인터뷰에서 이렇게 말했다.

"이 물건이랑 가장 딱 맞는 곳이 어딜까 생각했는데 당근마켓이다 싶더라고요."

최근에 들었던 말 중 **가장 멋있는 말**이었다.

보통사람들은 온라인 장사라는 게 너무 막연해서 자기가 들어가는 '시장'을 이해하려는 시도조차 하지 않는다. 그런데 이분은 처음부터 **'시장의 특성'을 이해하고 들어와서 공부한 것**이다. 전략을 세우기 위해서는 반드시 이해가 선행되어야 한다. 여러분도 처음에는 당근마켓에 대해 아예 몰랐더라도 지금쯤은 어느 정도 이해가 되었을 것이다.

하지만 여기서 여러분이 **꼭 이해해야 할 것이 하나 더** 있다. 바로 '단골'이다. 당근마켓에는 굉장히 매력적인 시스템인 '단골'이 있다.

…▸ 일평사장 수강생 비즈프로필 '내게담다' 첫 화면

'내게담다' 첫 화면 상단에 보이는 '4만 명'이라는 수치는 이 비즈프로필을 단골로 등록한 사람들의 수를 의미한다. 아직은 감이 잘 안 올 텐데 4만 명이라는 건 정말 어마어마한 숫자이다. '단골'이라는 개념은 유튜브로 치면 구독자, 인스타그램으로 치면 팔로우라고 보면 된다. 나는 개인적으로 당근마켓의 꽃은 '단골'이라고 생각한다. 이 단골 시스템이 왜 그렇게 매력적인지에 대해서는 나중에 좀 더 자세히 이야기하겠다.

##  단골의 장점

당근마켓에서는 단골을 빼고 이야기할 수 없을 정도로 단골이 중요하다. 특히 본인의 스토어 콘셉트가 명확하거나 오프라인 매장이 있을 경우 효과가 있다. 먼저 당근마켓의 특징이자 장점 3가지를 알아보자.

### → 첫째, 쿠폰과 함께 모을 수 있다.

당근마켓에서 단골을 모으는 것에는 2가지 방법이 있다. 당연하지만 첫째는 '단골 맺기' 버튼을 누르는 것이다.

⋯ 당근마켓 소식 내 '단골 맺기' 버튼

다른 하나는 '쿠폰받기'를 누르는 것이다.

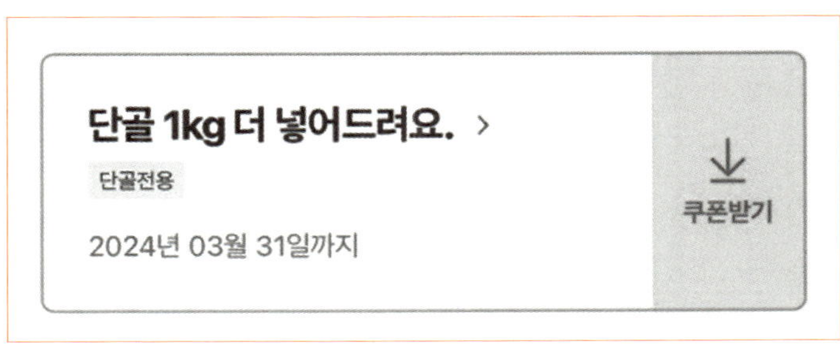




이렇게 **쿠폰받기**를 누르면 자동으로 단골이 된다. 90% 이상의 고객이 쿠폰을 통해 단골이 된다. 이 덕분에 광고 저항 없이 자연스럽게 단골이 형성되어 단골을 모으는 과정이 매우 수월해진다.

### → 둘째, 공짜로 내 소식이 노출된다.

당근마켓에서 단골 버튼을 누른 고객들은 내 소식이나 고객 후기 등 내가 발행한 정보들을 계속해서 보게 된다. 공식적으로는 고객들 피드의 5%가 단골 업체의 내용으로 채워지지만, 이 정보는 당근마켓이 업데이트를 통해 변경할 수 있으니 5%라는 수치보다는 고객들이 내 소식을 계속 받는다는 점을 기억하는 것이 중요하다.

유튜브 구독이나 인스타그램 팔로우와 비슷한 개념이라고 볼 수 있다. 내가 좋아하는 연예인이나 브랜드의 인스타그램을 팔로우하면 계속해서 그들의 소식이 내 피드에 올라오는 것처럼 말이다. 하지만 당근마켓에서의 소식 노출은 그보다 더 직접적인 효과를 가진다. 내 업체의 소식은 사실상

'광고' 역할을 하기 때문이다. 광고가 무료로 제공된다고 생각하면 정말 매력적이지 않은가?

보통 광고의 꽃을 '리타기팅(retargeting) 광고'라고 한다. 리타기팅 광고란 내가 한 번 클릭한 광고가 계속 나를 따라다니는 방식이다. 예를 들어 쿠팡에서 한 번 클릭한 물건이 계속 내 알림으로 뜨는 것과 같다. 이런 리타기팅 광고는 당연히 비용을 지불해야 하지만 당근마켓에서는 단골 기능만 잘 활용하면 공짜로 할 수 있다.

### → 셋째, 잘 모인다.

여러분은 유튜브 구독 버튼을 잘 누르는가? 인스타그램 팔로우는 잘 해 주는가? 점점 알고리즘에만 의존하고, 유튜브 구독이나 인스타그램 팔로우를 하지 않는 추세이다. (하지만 이 책을 읽고 있는 여러분은 내 채널인 '일평사장'은 꼭 구독해 주리라 믿는다.) 이유는 간단하다. 굳이 누를 필요가 없다는 생각이 들기도 하고, 내 피드가 지저분해지는 게 싫어서이다. 나도 구독한 채널들을 정리한 적이 있는데 구독 채널이 생각보다 많다는 사실에 놀랐다.

하지만 당근마켓은 다르다. 고객들이 '단골' 버튼을 눌러 주는 데 저항이 전혀 없다. 예를 들어 집 근처 곱창집의 광고를 보고 '소주 한 병 무료' 쿠폰을 받을 수 있다면 누르지 않을 이유가 있을까? "아, 내가 단골을 너무 눌러서 관리가 힘들어."라고 생각할 사람은 없을 것이다. 이렇듯 현재 당근마켓에서 단골 버튼을 누르는 것은 고객들에게 별거 아닌 일이라는 것이다.

그러나 몇 년 후에는 우리가 지금 유튜브 구독 버튼이나 인스타그램 팔로잉 버튼에 민감하듯, '단골' 버튼에도 민감해질 가능성이 있다. 그러니 지금 이 타이밍에 단골을 많이 모아 두는 것이 매우 중요하다. 내 수강생 중에는 1~2만 명씩 단골을 가진 사람이 많은데, 그들이 당근마켓에서 **짧은 기간 안에** 단골을 빠르게 모을 수 있었던 이유는 바로 타이밍 때문이었다.

이제 쿠폰을 작성하는 법을 알아보자. 정상적으로 비즈프로필을 개설했다면 왼쪽 메뉴에 '쿠폰'이 나타난다. 이 쿠폰은 비즈프로필에 사업자가 등록되지 않아도 만들 수 있다.

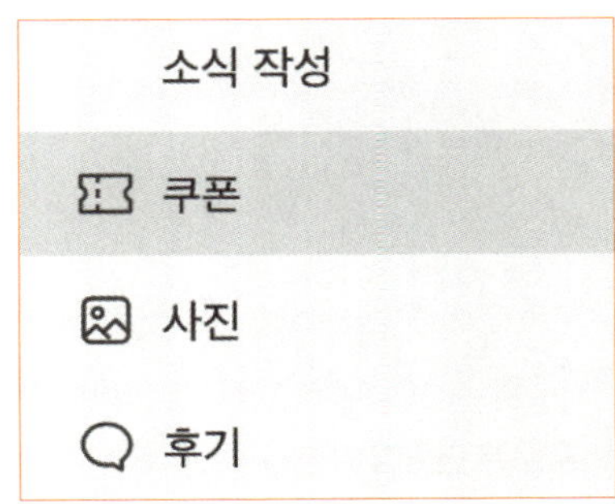


··· 당근비즈니스 비즈프로필 쿠폰 선택 화면

다음처럼 '쿠폰 만들기' 버튼이 나온다. 버튼을 누르면 쿠폰을 만들 수 있다.

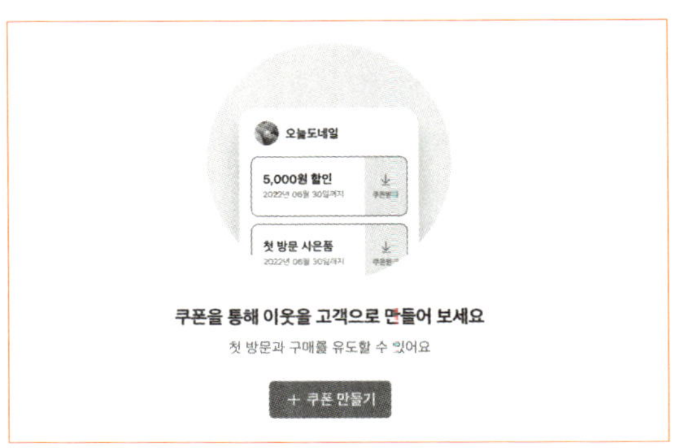


··· 당근비즈니스 비즈프로필 쿠폰 만들기 선택 시 첫 화면

‧‧‧ 당근비즈니스 비즈프로필 쿠폰 만들기 화면

최근에 '쿠폰 만들기'가 많이 업데이트되어서 여러 가지 기능이 생겼다. 또 언제 업데이트될지 모르니 이걸 보는 여러분은 2가지만 기억하자.

첫째, 당근마켓 쿠폰은 별다른 기능이 없다. 놀랍게도 할인을 하면 자동으로 적용되는 기능도 아직 없다.

둘째, 당근마켓 쿠폰의 기능은 오직 단골을 만드는 것뿐이다. 그래서 '제공 대상'에서 반드시 '단골 전용'을 눌러 줘야 한다.

이 2가지만 기억하면 쿠폰 만드는 것은 두려울 것이 없다. '증정'이나 '기타' 버튼을 누르면서 여러 가지를 해 볼 수 있다. 고객들 관점에서 어떻게 표시되는지 나오니 여러분이 제공하려는 쿠폰 형식에 맞게 제작하면 된다. 증정이나 기타의 경우 별 차이가 없는 것을 알 수 있다.

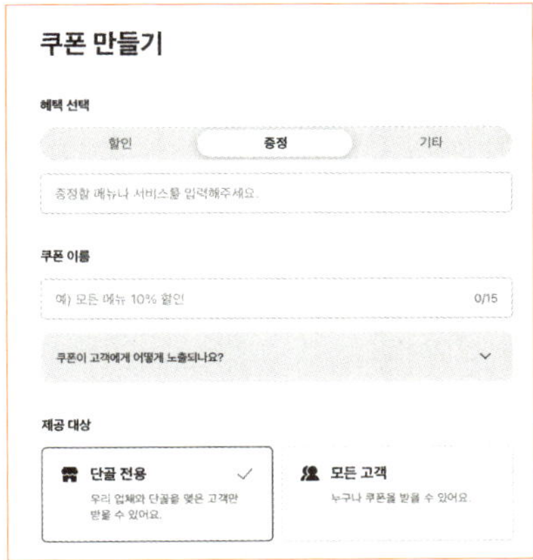
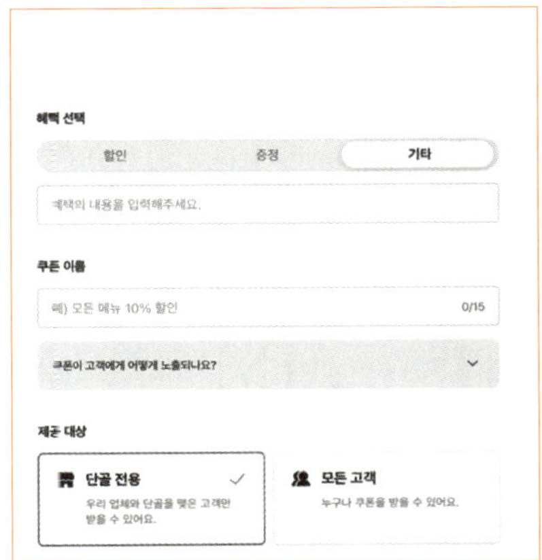

당근비즈니스 비즈프로필 쿠폰 제작 시 '증정' 선택 화면

당근비즈니스 비즈프로필 쿠폰 제작 시 '기타' 선택 화면

당근비즈니스 비즈프로필 쿠폰 제작 시 '발급 개수'와 '사용 기한' 설정 화면

아래에는 발급 개수와 사용 기한이 나와 있는데 이것도 쿠폰에 표시되는 내용이 바뀌는 것뿐이니 큰 의미는 둘 필요 없다.

내가 매일 아침 일어나서 가장 먼저 하는 일은 쿠폰 날짜를 오늘까지로 바꾸는 것이다. 마케팅에서 가장 중요한 것이 고객에게 지금 사야 하는 이유를 알려 주는 것인데, 이 날짜를 긴박하게 만드는 것이 시간이 지나도 잘 먹히는 방법 중 하나이다.

이렇게 제작한 쿠폰은 소식 페이지에 넣을 수 있는데, 앞에서 배운 것처럼 소식을 작성하기 위해 페이지 안으로 들어가면 다음처럼 '쿠폰'과 '상품' 버튼이 보인다. 앞서 말한 것처럼 '쿠폰'과 '상품' 중 하나만 선택하여 넣을 수 있다.



⋯ 당근비즈니스 비즈프로필 소식 제작 시 '쿠폰'과 '상품' 선택 화면

먼저 쿠폰을 선택해 보자.

⋯⋯ 당근비즈니스 비즈프로필 소식 제작 시 '쿠폰' 선택 화면

앞에서 쿠폰을 작성하면 작성된 쿠폰이 이 화면에 나온다. 만약 여러 가지 쿠폰을 만들었다면 선택할 수 있게 되는데 그중 하나를 선택하면 다음 이미지처럼 소식 페이지 맨 상단에 입력된다.



⋯⋯ 당근비즈니스 비즈프로필 소식에 '쿠폰'이 들어간 화면

쿠폰 말고 상품을 누르면 당연히 다음 페이지 이미지처럼 등록된 상품이 나오고 앞에서 말한 것처럼 소식 페이지 하단에 노출된다.

···→ 당근비즈니스 비즈프로필 소식 제작 시 '상품' 선택 화면

···→ 당근비즈니스 비즈프로필 소식에 '상품'이 들어간 화면

## 🥕 단골이 '만병통치약'은 아니다

나는 악플이 거의 없는 편이다. 성격상 가진 것을 자랑하는 편도 아니고 장사를 주제로 유튜브도 하고 강의도 많이 하지만 나 자신을 낮추면 낮추지 추켜올리는 일은 거의 없다. 그러나 기존 온라인 셀러 중 네이버 밴드를 통해 장사를 하던 사람들은 간혹 이렇게 말하며 나를 싫어하기도 한다.

"단골 모았는데 효율이 낮더라."

"단골들에게 알람 보내는 것 제한이 있는데 혹시 모르세요?"

미안하지만 이분들은 당근마켓의 개념을 잘못 알고 있다. 당근마켓에서의 단골은 네이버 밴드와는 다르다. 네이버 밴드에서 물건을 사 본 적이 있는가? 솔직히 말해서 나는 없다. 네이버 밴드에서는 흔히 말하는 '개꿀 정보'를 위해 '과일방', '해산물방' 등의 방에서 주는 정보를 받아서 '공동 구매 형식'으로 구매하는 것이다. 요즘에는 아파트 단지 카카오톡 공동구매 단톡방을 어렵지 않게 볼 수 있는데 이것과 비슷하다. 당근마켓과는 완전 다르다.

당근마켓의 고객들은 물건 구매를 위해 나의 단골이 된 것이 아니다. 동네 자영업자, 혹은 내가 관심 있는 물건에 대한 철학이 있는 누군가, 내 아들이 다니는 태권도장 같은 느낌으로 단골을 누르는 것이다. 그런데 이런 곳에 고객을 잔뜩 모아서 상품만 주구장창 뿌려 댄다고? 그런 방식이 통할 리가 없다. 나를 실컷 비난해라. 그 사람들은 애초에 시장조사를 잘못하고 들어온 것이다.

당근마켓 단골들이 원하는 소식은 '수박 오랫동안 보관해서 먹는 법', '명절 전에 살 빼는 법' 등이다. 그러다가 가끔 '수박 30% 할인 오늘만 진행합니다!', '명절 직후 PT 1회 무료!' 같은 소식이 올라오면 고객들이 반가운 마음으로 구매를 하는 것이다.

그래서 당근마켓에서 3~5% 정도는 광고 없이 단골만으로 구매 전환이 되기도 한다. 그러니까 1,000명의 단골이 있으면 30~50명 정도는 단골만으로도 판매를 할 수 있는 것이다. 하지만 이것도 앞서 말한 것처럼 콘셉트 몰의 스토어에서 고객 관리를 잘했을 경우이지, 주구장창 상품만 올린다고 해서 팔리지 않는다.

당근마켓의 단골 개념을 잘못 이해한 유튜버나 장사꾼들은 종종 이렇게 말한다.

"단골 500명만 모으면 그때부터 수익 납니다. 그전까지는 손해 보세요."

"손해 보더라도 단골을 모으세요. 그럼 손익분기점이 되는 시점이 있습니다."

물론 다른 사람들의 장사 철학을 존중한다. 장사를 시작한 지 한 달밖에 안 된 사람이라도 나름대로의 장사 철학이 있을 것이다. 하지만 명확하게 밝히자면 손해 보면서도 단골을 모으라는 말은 동의하지 않는다.

당근마켓에서 단골은 좋은 시스템일 뿐이지 손해 보면서 모을 만큼 큰 의미를 가진 것은 아니다. 애초에 손해 보면서 단골을 모은다는 것 자체가 말이 안 된다. 돈 벌려고 장사하는 건데 왜 손해 보면서 단골을 모은단 말인가? 단골을 모으는 전략을 존중하지만 단돈 500원이라도 받으면서 해야 한다고 생각한다.

당근마켓에서 단골 전략이 가장 효과가 좋을 때는 콘셉트가 명확한 스토어이거나 오프라인 영업점을 운영하고 있을 때이다. 실제로 내 수강생 중 한 분이 오프라인 모임을 주최한 적이 있다. 그는 단골이 많았기에 물건을 올리자마자 17명에게 팔렸다.

　단골은 올리자마자 바로 효과가 있는 게 아니다. 새로운 물건이 자연스럽게 퍼지는 데는 시간이 필요하다. 그런데 올리자마자 17개나 판매된 이유는 간단하다. 그분은 과일 전문 몰을 운영하고 있었고, 이미 단골들이 이전에 구매했던 물건에 만족했기에 이때다 싶어서 구매한 것이다. 이런 경우가 정말 단골을 잘 활용하는 것이다.

# 고객과 소통하며
# 관계를 쌓는 방법



단언하건대 내가 강의하면서 만난 오프라인 업장을 운영하던 사장님들은 단 한 번도 실패한 적이 없다. 물론 엄청나게 성공했다는 것은 아니다. 하지만 그 사장님들이 나를 만나서 그들의 비즈니스에 도움이 안 되었던 적은 '단 한 번도' 없다. 사실 그들은 나를 만나서 잘된 것이 아니라 당근마켓을 만나서 잘된 것이다. 어쩌다 당근마켓 강사로 내가 있었을 뿐이다.

처음 만났던 분은 부산에서 '주짓수' 체육관을 운영하는 사장님이었는데, 지금은 전단지를 돌리지 않고 당근마켓으로만 홍보한다. 떡집 사장님도 당근마켓으로 홍보하여 2호점까지 내고 3호점 창업주 교육을 진행 중이다. 에어컨 청소를 하는 분은 내 강의를 듣고 내게 컨설팅까지 신청했는데, 1회 컨설팅을 하고 멈춰야 했다. 시작하자마자 계절까지 맞아 떨어져 에어컨 청소로 너무 바빠진 것이다.

그들이 이렇게 바빠진 이유는 다시 한 번 말하지만 '일평사장' 덕분이 아니라 '당근마켓' 덕분이다. 당근마켓은 오프라인 사장님에게 굉장히 친화적이며 장점이 많은데, 그중에서 가장 매력적인 2가지 장점을 알려 주겠다. 다르게 말하면 오프라인 업장을 가지고 있는 사장님들이 반드시 당근마켓을 해야 하는 2가지 이유이다.

첫째, 자연 노출이 된다. 앞서 당근마켓의 노출은 기본적으로 광고로 인한 노출이라고 말했다. 그 정도로 당근마켓에서 광고는 아주 중요한 부분이다. 비즈프로필을 개설할 때 사업자등록번호를 넣는다면 사업자등록이 된 지역 근처에 내 상품과 소식이 '자연 노출'된다. 그 효과는 실제로 업장을 가지고 있을 때 매출에 직결된다. 기본적으로 내 업장이 있는 동네에는 내가 새로운 소식을 올리거나 상품을 올리면 자-연적으로 노출된다는 것이다. 그래서 가끔 수강생들이 "광고 안 돌렸는데 팔려요."라고 말하는데, 이게 그 자연 노출에 의한 것이다.

둘째, 키워드 광고가 잘 작동한다. '키워드 광고'란 네이버나 쿠팡에서 상품을 검색했을 때 맨 위 상단에 보여 주도록 광고를 하는 것이다. 사실 일반적인 쇼핑몰 플랫폼에서의 광고 형태는 이 키워드 광고, 즉 검색광고가 기본이다.

하지만 당근마켓은 다르다. 당근마켓의 고객들은 검색해서 물건을 구매하지 않는다. 여러분이 만약 참외가 먹고 싶다면 쿠팡에 검색하겠는가? 당근마켓에 검색하겠는가? 당근마켓에서 참외를 검색해서 사 먹는 사람은 아마도 없을 것이다. 당근마켓의 광고는 기본적으로 피드에 노출되는 '홈피드 광고'이다.

하지만 오프라인 상점을 운영하는 사장님이라면 이야기가 다르다. 당근마켓에서는 고객들이 '동네생활'이라고 해서 이것저것 검색해 본다.

'내 아이가 다닐 영어 학원', '올 여름 전 에어컨 청소', '더러워진 소파 청소'….

이런 식으로 동네 주민에게서 정보를 얻고자 한다. 이유는 간단하다. 우리 동네에 있는 가게를 찾을 때는 네이버보다 당근마켓이 훨씬 편리하기 때문이다. 그래서 오프라인 상점이 있는 경우 키워드 광고는 효율이 좋을 수밖에 없다. 네이버나 다른 플랫폼에 비할 바가 안 된다.

네이버 플레이스에서 '에어컨 청소'로 상위 노출이 되려면 엄청난 비용이 든다. 하지만 당근마켓은 1/10도 안 들이고 상위 노출시킬 수 있다. 이유는 간단하다. 네이버에는 경쟁자가 많고 지역 범위도 너무 넓지만, 당근마켓은 우리 동네에서만 노출되기 때문이다.

생각해 보자. 여러분이 어떤 가게를 운영하든 간에 여러분 지역에 똑같은 장사를 하는 사람이 몇 명이나 되는지, 그중 당근마켓에서 광고를 돌릴 만한 사람은 몇 명이나 되는지, 또 그중 "당근마켓에서 오프라인 영업점은 '키워드 광고'를 해야지!" 하고 영리하게 운영할 사람이 몇 명이나 되는지 말이다.

네이버나 쿠팡에서 '키워드 광고'는 클릭률은 몰라도 구매 전환율은 높은 편이다. 내가 구매하기 위해 클릭하고 들어온 것이기 때문에 당근마켓의 '홈피드광고'보다 구매 전환율이 좋다. 하지만 엄청난 단점이 있다. 광고비가 말도 안 되게 비싸다. 코로나 19 팬데믹 시절에는 클릭 1회당 1만 원이 넘는 광고도 본 적이 있다.

하지만 당근마켓에서는 여러분이 아무리 '키워드 광고', 그중에서도 정말 비싼 업종을 운영한다고 하더라도 클릭당 비용은 2025년 현재 800원을 넘지 않는다. 이유는 앞서 말했듯이 네이버는 전국의 사장님들과 경쟁하는 반면, 당근마켓에서는 내 동네의 사장님들과 경쟁하기 때문이다. 왜 오프라인 사장님들이 나를 만났을 때, 아니 당근마켓을 만났을 때 실패가 없었는지 이해가 되는가?

## 🥕 고객과 소통하는 장사의 필승법

오프라인 업체를 운영 중이라면 당근마켓은 선택이 아니라 필수이다. 여러 가지 장점이 있는데 무엇보다 오프라인에서 전단지를 돌리는 것보다 당근마켓에서 광고를 하는 것이 직접적이고 저렴하다. 또한 아직 전략이 단순하다. 물론 여러분이 나름대로 당근마켓을 이용해서 여러 전략을 만들 수 있겠지만, 큰 기둥은 지금부터 설명하는 것으로 하길 바란다.

### → 여러분이 고객이 되어 보자.

1월 1일 새해이다. 우리 머릿속에는 2가지가 떠오른다.

'영어 공부', '운동'

이 2가지는 항상 새해 초만 되면 떠오른다. 평소처럼 당근마켓을 들여다본다. 흥미로운 글이 보인다.

'지금 등록하면 PT 1회당 3만 원, 헬스장도 1개월 무료!'

보통 PT가 1회에 4~5만원 꼴인 걸 생각하면 엄청나게 저렴하다. 게다가 따로 등록해야 하는 헬스장 이용료도 별도로 지불할 필요가 없다고 한다.

클릭해서 들어가 보니 이번에 새로 오픈한 헬스장이고 이벤트로 쿠폰을 나눠 주고 있는 듯하다. 설명한 글을 보니 전부 새로운 운동 기구에 깨끗한 시설이고, 트레이너들도 인상이 좋아 보인다.

하지만 지금 시작하기는 부담스럽다. 곧 있으면 설날인데 그때는 운동을 하기 어려울 거고, 당분간 돈 들어갈 곳도 많다. 우선 쿠폰만 받아 놓자. 이렇게 쿠폰을 발급받고 나니 내가 그 헬스장의 '단골'이 되었는지 그 헬스장 소식들이 내 피드에 종종 나온다.

'명절날 찐 살 빼는 방법', '매일 아침 스트레칭하는 법', '오늘은 헬스장 대청소날이었습니다!'….

이런 소식을 접하다 보면 유익하기도 하고 다 읽지 않더라도 그 헬스장을 기억하게 된다. 그리고 명절이 지나고 이제 다시 운동을 할 수 있는 시점이 되었다. 그러던 중에 이런 소식이 내 당근마켓 피드에 나타난다.

'3월 할인, 지금 등록 시 1개월 무료!'

아, 나름대로 내적 친밀감이 있던 헬스장인 데다 마침 여름도 다가와서 운동을 해야 하니 정말 잘됐다. 이참에 시작하자.

스토리가 자연스럽지 않은가? 당근마켓에서 오프라인 영업장을 이상적으로 홍보하여 고객을 모집하는 방법은 바로 이것이다. 여기서 나온 전략은 아주 간단하다. 딱 2단계이다.


**- 1단계 :** 단골을 모을 수 있는 광고용 소식을 작성한다. 이 소식 글의 목

적은 오로지 광고를 돌려서 단골을 확보하는 것뿐이다. 위의 스토리로 따지면 '지금 등록하면 PT 1회당 3만 원, 헬스장도 1개월 무료!'이다. 이것이 단골을 모으기 위한 소식인 것이다. 소식을 매력적으로 작성하는 방법에 대해서는 나중에 따로 이야기하겠다.

- **2단계 :** 기존 단골들을 위한 소식을 주기적으로 발행한다. 이 소식 글은 어떤 것이어도 좋다. 여러분 업체의 인스타그램을 운영하듯, 블로그를 운영하듯 글을 쓰면 된다. 위의 스토리에서는 '명절날 찐 살 빼는 방법', '매일 아침 스트레칭하는 법', '오늘은 헬스장 대청소날이었습니다!' 같은 글들이 2단계를 위한 것이다. 여기서 절대 잊으면 안 되는 것이 있는데 주기적으로 단골들을 위한 혜택을 주는 것이다. 위의 스토리에서는 '3월 할인, 지금 등록 시 1개월 무료!'였다.

기존의 블로그, 인스타그램과 뭐가 다르냐고? 효과 자체가 다르다. 네이버 블로그는 지역적인 제한 때문에 글을 써도 내 가게 매출에 도움이 될지 막연하고, 인스타그램을 운영하는 것은 솔직히 말해 기존 고객들을 위한 것이지 그 글을 통해 고객을 불러 모을 수는 없지 않는가? 하지만 당근마켓은 다르다. 광고로 단골들을 불러 모을 수 있는데, 그 단골들이 바로 내 업장 근처에 사는 사람들인 것이다.

광고는 영리하게 해야 한다. 전단지 하나를 돌리더라도 비용과 효과를 계산하지 않고 '재미있게'만 돌리는 것은 '대표님 놀이'에 불과하다. 흔히 헬스장에서 전단지를 돌릴 때 재미있는 영업을 하는 것을 많이 보게 되는데, 그게 성공하려면 비용과 효과를 테스트해 봐야 한다. 나는 온라인 마케팅을 좋아하는데 바로 비용과 효과의 테스트가 쉽기 때문이다.

당근마켓은 기존의 대형 셀러들이 쉽게 들어오지 못하는 시장이다. 초보자라면 눈치 채지 못했겠지만, 사실 당근마켓은 중급자나 고급자들에게는 되게 귀찮은 시장이다.

예를 들어 당근마켓에서 소식 페이지는 우리가 글과 이미지를 구해서 직접 제작하면 된다. 네이버 스마트스토어나 쿠팡에서 비싼 돈을 내고 만들어야 하는 것에 비하면 투자비용을 엄청나게 아낄 수 있다. 나에게는 이게 '개꿀'이었고, 아마 이 책을 읽는 많은 분도 그렇게 느끼리라 생각한다.

하지만 이미 판매를 잘하고 있는 사람들에게는 이게 엄청나게 귀찮은 일이다. 그래서 당근마켓의 시장을 파악하지 못하고 이미 팔고 있던 상세페이지를 복사해서 붙여넣기하는 셀러들은 실패하고 나가게 된다. 네이버 스마트스토어나 쿠팡처럼 상세페이지가 먹히지 않는 것을 알고 글과 이미지로 새로 작성해 보려고 해도 여간 귀찮지 않다. 대형 업체에서는 차라리 몇십만 원 비용을 들여서라도 대행 업체에 맡기고 말지 물건마다 직접 글을 쓰고 제작하는 것은 투입 에너지가 너무 크다.

또 광고 형태가 다르다. 기존 셀러들이라면 보통 쿠팡과 네이버를 생각하고, 그 두 플랫폼이 아니더라도 일반적으로 쇼핑몰 셀러들은 '키워드 광고', '검색광고'를 기반으로 한다. '피드광고'에 익숙한 셀러들은 보통 본인들만의 브랜드를 론칭해서 인스타그램 같은 곳에 큰돈 들여 광고한다.

온라인 셀러들은 대체로 피드광고 세팅에 대해 문외한이다. 물론 피드광고는 검색광고에 비하면 배우기 정말 쉽다. 하지만 '후킹' 문구와 이미지가 강력한 역할을 하기 때문에 상품마다 에너지를 많이 써야 하는데 그렇게 하는 게 쉽지 않다.

마지막으로 상품이 제한적이다. 나중에 설명할 텐데, 당근마켓에서 팔 수 있는 상품은 제한적이다. 그렇다고 '못 파는' 것은 아니지만 '안 팔린다.' 그러다 보니 당근마켓에 대한 제대로 된 연구 없이 이것저것 올리다 보면 투자 비용이 너무 커져서 당근마켓을 포기하게 된다.

이런 이유들 때문에 기존의 대형 셀러들은 당근마켓에 투입되는 속도가 느리거나 그냥 포기한다. 그래서 나는 이런 말을 자주 한다.

"만약 초보자이고 온라인 셀러로 성공하겠다는 꿈을 가지고 있다면 당근마켓은 사활을 걸고 덤비기에 정말 좋은 시장이다."

### → 여름철에 계곡에서 백숙 파는 장사

뜨거운 여름철에 시원한 계곡에서 백숙을 팔면 얼마나 잘 팔리겠는가? 그들은 여름에만 장사하고 다른 계절에는 쉰다고 한다. 여름 한철에만 날개 돋친 듯이 판매를 하고 다른 계절은 쉬는 것이다.

당근마켓 장사가 딱 그렇다. 하나 다른 것이 있다면, 당근마켓은 백숙이 끝난 뒤에도 다음 계절에 팔릴 물건을 찾아 1년 내내 팔 수 있다는 것이다. 물론 꼭 다음 물건을 바로 찾아야 하는 것은 아니다. 나는 1년 내내 찾아서 팔지만, 내 수강생들은 본인이 파는 음식이나 과일의 철이 아닐 때는 과감히 쉬었다가 진행한다. 그렇게 쉬어도 괜찮냐고? 당근마켓에 대한 이해도만 확실하다면 언제든 다시 들어올 수 있다.

### → 과일만 팔 것인가?

아무리 초보자라도 이제 당근마켓이라는 플랫폼에 대한 이해도가 생기고, 이 책에서 하는 말들이 낯설지 않을 것이다. 다음 장부터 상품을 정해서 판매를 진행할 텐데, 머릿속에 팔아 보고 싶은 무언가가 있는가? 당근마켓을 뒤져 보면서 팔아 보고 싶은 게 생겼는가? 혹시 '과일'인가?

그럴 수밖에 없을 것이다. 요즘 셀러들의 행동 패턴을 보면 '당근마켓 = 과일'이기 때문이다. 마치 당근마켓에서는 과일밖에 못 파는 것처럼 느껴진다. 나는 정말 이해할 수가 없다. 가슴에 손을 얹고 생각해 보자. 우리가 왜 당근마켓에서 장사를 하려고 하는가? 네이버 스마트스토어나 쿠팡이 아니라 당근마켓에서 말이다. 분명히 10명 중 8명은 이렇게 말할 것이다.

"당근마켓이 쉽고 경쟁이 적어서요."

맞다. 그렇게 접근했다면 당근마켓을 잘 파악하고 있는 것이다. 앞으로도 당근마켓이 네이버 스마트스토어나 쿠팡보다 경쟁이 더 세고 힘들어지는 일은 쉽게 생기지 않을 것이다. 그럼 대체 왜 경쟁을 피해 당근마켓으로 왔으면서 그중에서 가장 경쟁이 센 과일만 팔려고 하는가?

다음은 수강생과 나눈 대화이다.

"선생님, 과일은 경쟁이 세니까 다른 걸 팔아 보고 싶어요."

"잘 생각하셨어요. 그럼 제가 설명한 상품 선택 기준에 맞는 다른 물건을 찾아보세요."

"근데 아직 아무도 안 파는 걸 어떻게 제가 팔아요?"

이런 대화를 한두 번 한 게 아니다. 여러분이 당근마켓을 사업으로서 진지하게 생각한다면 과일에만 멈추지 말고 시야를 좀 넓게 봐서 아직 정복되지 않은 다른 카테고리를 건드려 보기 바란다.

내가 강의에서 자주 언급하는 '떡' 사장님이 있는데 이분은 단언컨대 당근마켓에서 1등이다. 2, 3등과의 차이가 하늘과 땅일 정도로 압도적이다.

왜 그럴까? 지금까지 떡을 파는 사람이 없었기 때문이다.

나는 과일청을 동네 카페에서 공급받아서 팔았는데 오래 팔지는 못했다. 당시 나는 허가의 개념에 약해서 '즉석식품제조업' 허가증이 있는 업체의 물건을 위탁할 수 없다는 걸 몰랐다. 좌우간에 나는 첫 물건으로 3개월 만에 매출 2,000만 원을 만들어 냈다. 어떻게 그럴 수 있었을까?

"청을 파는 사람이 없었다."

지금이라고 다를 것 같은가? 제발 고개를 돌려 봐라. 지금 당근마켓 시장은 과일, 해산물, 육류 빼고는 거의 모든 카테고리가 텅텅 비어 있다. 이 장 뒤에 성공 사례로 소개한 사장님은 성공한 지 6개월이 되어 가는데도 경쟁자가 5명뿐이다. 네이버 스마트스토어라면 어떨까? 아마 수백 명, 수만 명의 경쟁자가 있을 것이다.

당근마켓에서도 과일 이외에 성공하는 사람이 많이 나오는 시기가 있다. 바로 2~4월이다. 이유가 무엇일까? 바로 그 시기에는 팔 수 있는 과일이 없어서이다. 판매자들 입장에서는 선택권이 없어서 다른 물건을 선택해 보는 것이다. 부디 여러분이 지나치게 과일만 보고 장사를 하는 것은 피했으면 한다. 과일이 나쁘다는 것은 아니다. 내 수익의 70% 이상은 여전히 과일이고, **나는 복숭아로 아파트를 샀다.** 하지만 '너무' 과일만 보지는 말았으면 하는 것이다.

다음 장에서는 팔리는 상품의 기준을 소개할 것이다. 이 기준은 내가 점점 날카롭게 발전시킨 것이라 성공률이 높다. 하지만 아무리 기준이 날카로 워도 '경쟁자', '마진' 2가지를 고려하지 않으면 팔 수 없다.

# 월 50만 원 벌려고 시작했는데 500만 원 벌다

인터뷰 영상 보기

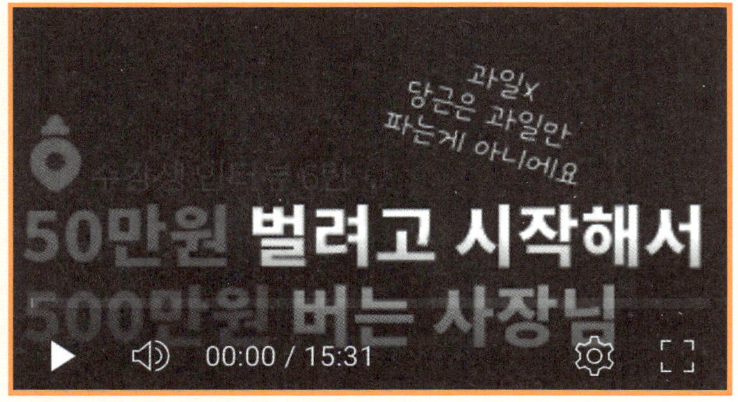


유튜브「일평사장」수강생 인터뷰

최근 6개월 동안은 남성분들보다 여성분들 성공 사례가 많았습니다. 아마도 당근마켓이라는 플랫폼에 대한 이해도가 여성분들이 더 높아서인 것 같기도 합니다. 저는 기존에 '여성분들이면 부업처럼 하나 보다.'라고 생각했는데 이분을 만난 뒤에 그 생각이 싹 사라졌습니다.

이분을 만나고 '여성이라 부업처럼 하겠지.'라는 제 생각이 얼마나 편협했는지 알게 되었습니다. 이분에게 당근마켓은 누구보다 '사업'이었습니다. 이분과 대화를 나눌 때 서로 장사하는 사람이라 모든 주제가 툭 치면 툭 하고 나오며 즐 거웠습니다.

이분을 한마디로 표현하자면 '개인기가 훌륭한 분'입니다. 이 사장님의 광고 는 제가 거의 하루걸러 하루씩은 보는데 항상 광고 타깃, 광고 문구, 상세페이지 내용을 바꿔 가면서 테스트를 합니다. 하루도 쉬지 않습니다. 사실 광고를 저렇 게 하려면 피로도가 엄청난데 경쟁자들보다 조금이라도 앞서려고 이렇게 작업 하는 것 같습니다.

이 사장님은 누구보다 저 '일평사장'을 잘 활용하셨습니다. 질문도 잘 정리 해서 유의미한 답변을 끄집어내고, 가끔씩 제가 필요할 때마다 나타나서 저를 100% 활용하십니다.

이분은 예쁜 따님과 멋진 남편이 있는 주부이십니다. 당근마켓은 가벼운 마 음으로 '월 50만 원 정도라도 벌면 좋겠다.' 하고 시작했다고 합니다. 그런데 이 게 웬일입니까? 온라인 장사가 이분에게 너무 잘 맞았는지, 월 50만 원 벌려고 시작한 게 월 500만 원을 벌게 되었습니다. 이제 이분에게 이 500만 원은 없어 서는 안 되는 돈이 되어 버렸습니다.

이분을 시작으로 다른 주부들과도 인터뷰를 하게 되었는데, 단 한 분도 가볍 게 하는 사람이 없었습니다. 월 100만 원을 벌든 1,000만 원을 벌든 가벼운 마 음으로 장사를 하는 사람은 아무도 없었습니다.

# 당근마켓에서 통하는 상품을 고르는 기준

# 대형 키워드를
# 잡아야 하는 이유

지금부터는 당근마켓에서 통하는 상품, 속된 말로 잘 먹히는 상품에 대해서 이야기해 보겠다. 앞서 말한 것처럼 당근마켓에서는 상품 선택이 굉장히 중요하다. 여러분이 정말 열심히 공부해서 당근마켓을 시작했을 때 상품만 맞게 잘 선택한다면 '다섯 번의 시도' 안에 성공할 수 있을 것이다.

당근마켓에서 상품 선택의 3가지 필승 기준은 다음과 같다.

하나, 대형 키워드일 것

둘, 시즌성(유행성)일 것

셋, 연령대가 높은 상품일 것

내가 말하는 당근마켓에서의 '성공'은 돈을 버는 것도 있지만, 그 카테고리에서 1등이 되는 것도 포함한다. 당근마켓에는 그럴 수 있는 기회가 있다. 적어도 현재는 충분히 그렇다. 당근마켓에서의 성공을 이야기할 때 계속 상품 선택에 대해서 말을 하게 되는데 그 기준을 지금 알려 주려고 한다. 상품 선택의 기준을 이야기할 때는 2가지 명심해야 하는 것이 있다.

### → 첫째, 이건 내가 만든 기준이다.

이 기준은 한낱 장사꾼, 일개 강사가 만든 것이다. 당근마켓에서 공식적으로 정한 기준이 아니고, 내가 강의할 따 수강생들의 물건과 내 물건들을 보면서 통하는 상품들을 설명하다 보니 기준을 만들게 된 것이다. 그러니 내가 정한 기준에 매이지 말고 여러 가지 시도를 해 보면 좋겠다.

강의를 하다 보면 내 기준이 좋은 말로 하면 점점 날카로워지고, 나쁜 말로 하면 점점 삐딱해진다. 수강생이 조금이라도 내 성에 안 차는 물건을 선택하면 삐딱하게 바라보고 이야기하게 된다. 사실 나는 빨리 성공했으면 하는 마음에 그러는 것이지만, 길게 보면 어떤 물건이든 시도해 보는 것이 정답이고 정말 중요하다.

### → 둘째, 온라인 셀러들을 위한 기준이다.

만약 여러분이 오프라인 업장을 가지고 있다면 '무조건' 당근마켓을 하기 바란다. 정말 예외적인 경우를 제외하면 오프라인 업종은 당근마켓 시스템에서 기본적으로 효과가 있다. 온라인에서만 판매를 하는 나 같은 온라인 셀러들이라면 반드시 내가 말한 기준을 참고했으면 한다.

먼저 당근마켓 상품 선택의 3가지 기준 중 첫 번째인 **'대형 키워드일 것'**에 대해 이야기해 보겠다. 초보자들은 대형 키워드라는 용어조차 어색할 텐데 대형 키워드란 많은 사람이 검색하고, 많은 사람이 구매하는 '상품의 키워드'를 말한다. 그런데 우리 같은 후발주자들은 '소형 키워드'를 찾기 바쁘다. 대형 키워드들은 10년, 20년 전에 이미 들어온 기존 셀러들 혹은 엄청난 자본금을 투입하는 업체형 셀러들이 지배하고 있기 때문이다.

하지만 당근마켓은 다르다. 당근마켓에서 대형 키워드를 해야 하는 이유는 2가지이다.

첫째, 바로 지금 당근마켓에서 대형 키워드를 하지 않는다면 당근마켓을 하는 의미가 없기 때문이다. 정말 미안한 말이지만 당근마켓은 쿠팡이나 네이버 스마트스토어처럼 엄청나게 큰 시장이 아니다. 그리고 과일이나 육류를 제외하고는 아직 비어 있는 카테고리가 많다.

내가 봤을 때 셀러들은 도전하기보다 남들이 하는 것을 똑같이 복사해서 붙여넣기하는 것을 좋아하는 듯하다. 누군가가 참외를 팔기 시작하면 수백 명이 똑같은 이미지와 똑같은 가격으로 참외를 팔기 시작한다. 그래서인지 아직 텅텅 비어 있는 카테고리들이 넘친다. 이런 상황에서 소형 카테고리, 많은 사람이 알지도 못하는 키워드를 해 보겠다고? 나는 절대로 추천하지 않는다.

둘째, 당근마켓 판매 시스템 때문에 대형 키워드를 해야만 한다. 다시 말하지만 기본 판매의 원리는 검색, 노출, 구매 전환 3단계이다. 하지만 당근마켓에서는 검색 단계가 없다. 당근마켓은 인스타그램이나 유튜브처럼 내가 좋아할 만한 물건을 알고리즘을 타고 나에게 노출해 준다. 검색을 할 필요 없이 바로 노출이 되는 것이다.

검색 없이 노출이 되는데 아무도 모르는 물건, 정말 마니악한 물건이 노출된다고 생각해 보자. 클릭을 받을 수 있겠는가? 그래서 당근마켓에서는 누구나 알 만한 물건이면서 필요하다고 생각되는 물건을 노출시켜야 한다. 모든 광고가 그렇겠지만 당근마켓에서도 역시 클릭률이 중요한데, 이 클릭률에서 대형 키워드냐 소형 키워드냐는 엄청난 차이가 있다.

그럼 키워드를 분석하는 법을 알아보자. 키워드를 분석할 수 있는 사이트는 아주 다양하다. 가장 유명한 것이 '아이템스카우트', '판다랭크'인데 나는 판다랭크를 사용한다. 판다랭크를 사용하는 특별한 이유는 없다. 더 먼저 사용했고, 수치가 많지 않아서 내 눈에 더 편하기 때문이다. 만약 여러분이 다른 사이트를 알고 있다면 그것을 써도 좋다. 참고로 나는 판다랭크 무료 버전을 사용한다.

⋯ 웹사이트 '판다랭크' 첫 화면

여기에 여러분이 원하는 키워드를 검색해서 수치를 분석할 수 있다.

슬슬 더워지는 시기라 수박을 한 번 검색해 보았다. 여러 가지 수치가 나

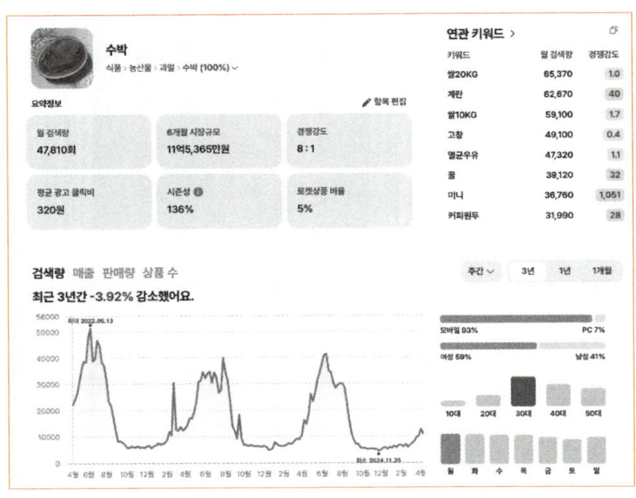




오는데 이 수치들은 전부 네이버 스마트스토어를 기반으로 한 것이다. 월 검색량, 6개월 시장규모 그리고 오른쪽 하단의 연령대 등은 전부 네이버 기준이다.

그렇다면 여러분은 의문이 들 것이다.

"당근마켓을 하고 있는데 왜 당근마켓 분석 사이트를 보지 않는가?"

안타깝게도, 사실 하나도 안타깝지 않지만 당근마켓 분석 사이트는 없다. 스마트스토어나 쿠팡은 정말 레드오션 중의 레드오션이다. 저런 수치를 기민하게 분석하는 작업 없이는 팔 수 없다. 하지만 당근마켓은 다르다. 당근마켓은 네이버 스마트스토어나 쿠팡에 비해 규모가 많이 작다는 단점이 있지만 훨씬 경쟁이 덜한 블루오션이다. 그렇기에 이런 분석 사이트가 나올 수 없다. 만약 시장이 좀 더 대형 업체들에게 친절하게 바뀌어서 규모가 갑자기 확 커진다면 당근마켓도 이런 사이트들이 나올 텐데 그때는 당근마켓이 더 이상 블루오션이 아닐지도 모른다.

좌우간에 내가 살펴보는 수치는 딱 이 두 면에 나와 있다.

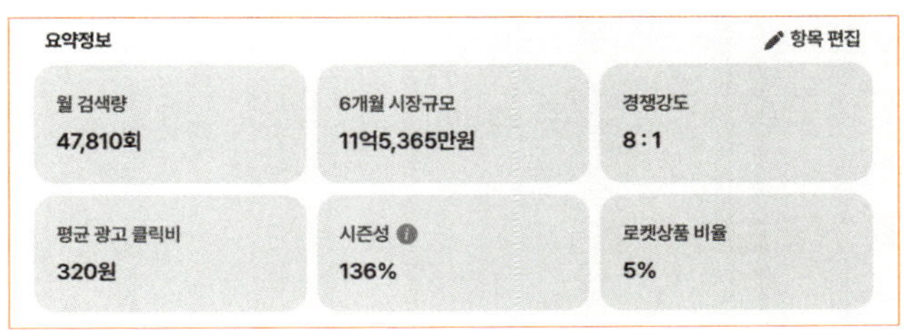



⋯→ **키워드 '수박'의 요약 정보 화면**

첫째, 요약 정보이다. 그중 월 검색량과 6개월 시장규모를 많이 체크하는데, 이 책에서도 자주 언급할 예정이다.

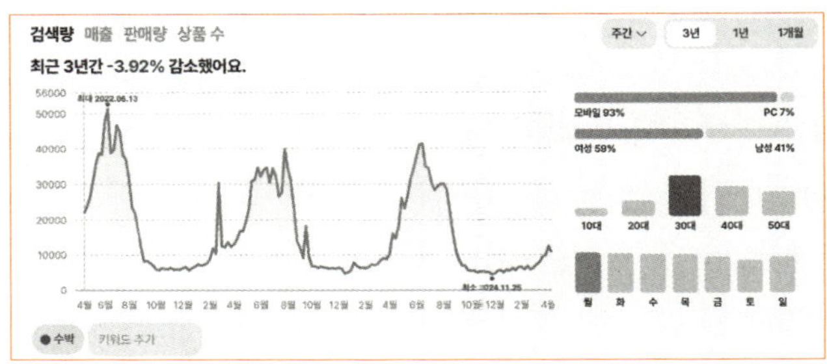



⋯→ **키워드 '수박'의 시즌성과 연령대 요약 화면**

또한 연령대와 월별 그래프가 중요한데 이것은 나중에 설명하겠다. 어차피 분석 결과는 대동소이하니, 여러분은 판다랭크 혹은 여러분이 이미 사용하는 사이트에서 분석을 해 보며 이 책을 읽기 바란다.

당근마켓에는 분석 사이트가 없는데, 내가 지난 2년간 판다랭크를 기준으로 상품을 분석하여 당근마켓으로 진입했을 때 한 번도 틀렸던 적이 없다. 그래서 상품을 분석한다면 판다랭크든 다른 사이트이든 기존 플랫폼인 네이버 스마트스토어의 분석 수치 결과를 신뢰하고 진행해도 좋을 듯하다.

## 🥕 대형 키워드의 기준

'대형 키워드'라는 게 뭘까? 어느 정도면 대형이고, 어느 정도면 소형인 걸까? 이에 대한 명확한 기준은 없다. 더 정확히 말하면 대형 키워드라는 것은 추상적인 개념이다. 내가 대형이라고 말하는 키워드를 누군가는 소형이라고 말할 수도 있고, 내가 소형 키워드로 분류한 것을 대형 키워드라고 말할 수도 있다.

여기서 말하는 대형 키워드는 무조건 큰 키워드라고 생각하면 된다. 네이버에서 검색했을 때 군침이 도는 키워드, 경쟁이 치열한 네이버에서 1등을 한다면 부자가 될 것 같은 키워드처럼 크면 클수록 좋다.

물론 수치적인 기준도 존재한다. 나는 최소 월 검색량이 1만 건은 넘어야 한다고 생각한다. 하지만 2만 건이면 더 좋고 10~20만 건이면 더더욱 좋다. 월 검색량 1만 건이라는 기준은 정말 최저치를 의미한다. 만약 1만 건보다 낮다면 내 기준에는 너무 낮은 검색량이다.

하지만 검색량이 전부는 아니다. 네이버는 엄밀하게 보자면 쇼핑만을 위한 공간은 아니다. 정보성 검색도 많기 때문이다. 예를 들어 '참외'를 검색해 보자.

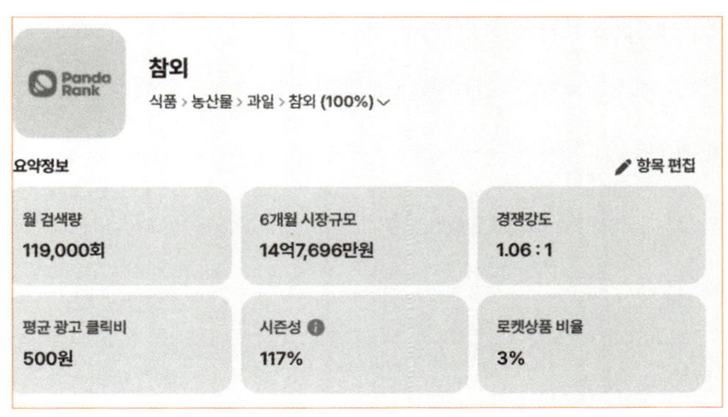



···· 키워드 '참외'의 요약 정보 화면

참외는 월 검색량이 10만 건이 넘는다. 내가 말한 대형 키워드의 기준 1만 건을 훨씬 넘는 수치이다. 게다가 6개월 시장규모를 보면 14억 원이 넘는다. 참외가 시즌성 물건인 걸 감안하면 1~2개월 안에 엄청나게 많은 양의 물건이 판매되고 있다는 뜻이다. 오직 네이버에서만 말이다.

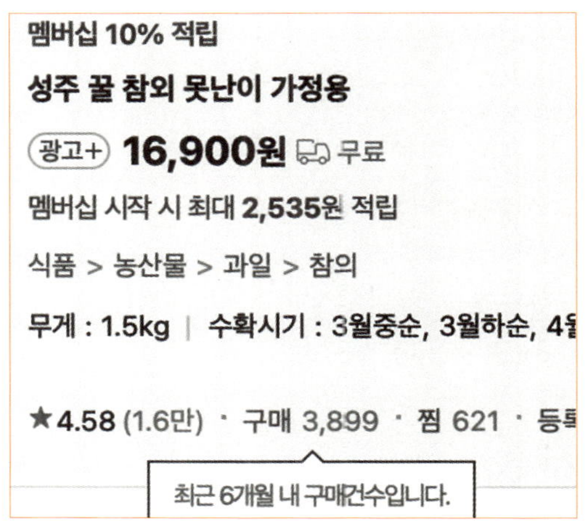



···· 네이버에서 '참외' 검색 시 구매건수 노출 화면

하나 더 재미삼아 알아두면 좋은 것은, 14억 원이라는 금액은 정확한 수치가 아니라 최저 수치를 의미한다. 네이버는 절대 해당 키워드로 상품이 얼마나 판매되었는지 공개하지 않는다. 단지 총 몇 개가 판매되었는지만 공개한다. 오직 6개월 내 구매건수만 보여 줄 뿐 총 판매 금액은 알려 주지 않는다. 그래서 키워드 분석 사이트들은 6개월 구매건수와 최저 기본 금액(16,900원)을 곱해서 6개월 최저 금액을 분석한다. 그러니 사실상 물건에 따라 14억 원이라는 금액은 1.5배에서 2~3배까지도 차이가 날 수 있다.

어찌 되었든 이건 엄청나게 큰 키워드이다. 굉장히 좋다. 그럼 다른 물건도 한 번 보자. 네이버에서 '동충하초'를 검색해 보자.

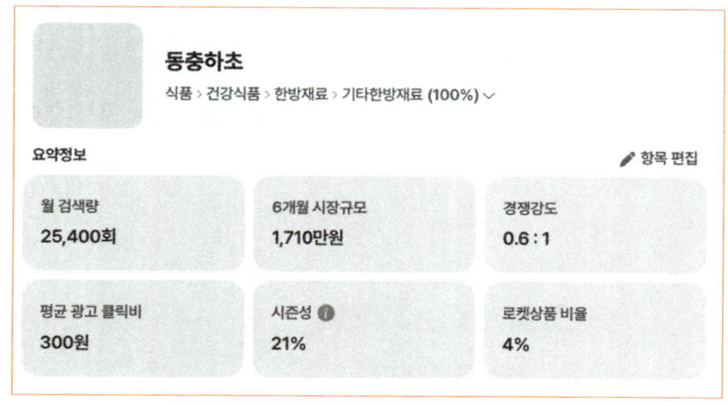



···> 키워드 '동충하초'의 요약 정보 화면

월 검색량이 참외에는 못 미치지만 2만 명이 넘는 수치로 엄청나다. 충분히 대형 키워드처럼 보인다. 하지만 6개월 시장규모를 보자. 2,000만 원도 안 된다. 키워드 분석 사이트에서 제공하는 수치가 최저 수치라는 것을 감안하더라도 저 키워드는 실제로 구매를 위한 검색 키워드로 보이지는 않는다.

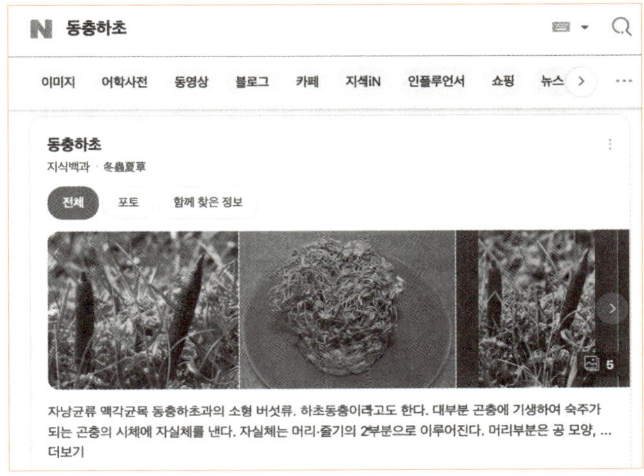



⋯ 네이버에서 '동충하초' 검색 시 파워링크를 제외한 첫 화면

⋯ 네이버에서 '참외' 검색 시 파워링크를 제외한 첫 화면

동충하초 검색 결과를 보면 참외 검색 결과와 다른 점이 있다. 참외의 경우 상단 바의 메뉴가 쇼핑, 이미지, 어학사전 순으로 나오고 결과창에서 가장 먼저 나오는 것이 쇼핑이다. 반면에 동충하초의 경우 상단 바의 메뉴가 이미지, 어학사전, 동영상 순으로 나오고 검색 결과로는 지식백과가 가장 먼저 나온다.

이건 네이버에 관한 내용이라 이 책에서는 자세히 다루지 않겠지만, 네이버의 검색 결과는 많은 의미를 가지고 있다. 상단의 메뉴 바는 간단하게 말하자면 이 키워드를 검색한 사람들이 가장 먼저 들어간 곳을 의미한다. 그리고 화면에 바로 나오는 검색 결과는 이 키워드를 검색한 사람들이 가장 만족한 것, 더 간단하게 말하자면 최종적으로 접속하게 된 탭을 의미한다.

요약하자면 참외를 검색한 사람들은 검색의 목적도 쇼핑을 하기 위함이었고, 결과적으로 쇼핑을 했다. 하지만 동충하초를 검색한 사람들은 이미지를 보거나 용어의 의미를 궁금해했고, 결과적으로 지식백과를 보고 페이지에서 빠져나갔다.

이 검색 결과가 의미하는 게 무엇이겠는가? '동충하초'는 구매를 위한 키워드가 아니라는 것이다. 여러분 생각에는 이 키워드가 경쟁이 치열한 매력적인 키워드로 보이는가? "아 내가 이 키워드를 장악해서 부자 되고 싶다!"라는 생각이 드는가? 절대 아닐 것이다.

그러니 제발 물건을 판매하기 전에 반드시 그 물건에 대해 시장조사를 해 보기 바란다. 네이버 검색도 해 보고, 평균 가격도 내 보고, 어떤 물건이 잘 팔리는지 등을 직접 조사해 보지 않으면 아무것도 알 수가 없다.

우리는 지금 '장사'를 하고 있다. 단지 여러 플랫폼 중에서 당근마켓을 선택했을 뿐이다. 가장 중요한 것은 '장사'를 한다는 사실이다. 가끔 우리가 하는 것을 '컴퓨터 기술' 따위로 오해하는 사람들이 있는데, 그런 생각으로는 적어도 이 분야에서는 성공할 수 없다.

장사에서 가장 중요한 것이 무엇인가? 바로 물건이다. 적어도 내가 팔려고 하는 물건과 관련해서는 뭐든 말할 수 있을 정도로 전문가가 되어 보자.

# 지금 관심이 많은
# 시즌성(유행성) 상품

### 당근마켓 마케팅은 '계곡에서 백숙 팔기'다

내가 강의할 때나 컨설팅을 할 때 자주 하는 말이 있다.

"당근마켓 장사는 뜨거운 여름철에 계곡에서 백숙을 파는 것이다."

당근마켓의 장사를 이 이상 멋있게 한 줄로 요약할 수 있을까? 이 문장 안에 모든 것이 담겨 있다.

당근마켓은 네이버 스마트스토어처럼 여러 물건을 깔아 놓고 언젠가는 팔려라 하는 시장인가? **아니다.**

시즌과 타이밍이 중요한가? **그렇다.**

당근마켓은 내가 맞다고 생각하는 물건을 정성스럽게 구성하고 광고를 써서 던져 보고 반응이 오는 것은 그 시즌이 끝날 때까지 미친 듯이 파는 것이다. 그래서 여기서는 2가지가 중요하다.

### → 첫째, 광고비로 손해 보지 않아야 한다.

괜찮을 것 같은 물건을 정하면 광고를 써 봐야 하는데, 무조건 성공할 수는 없다. 물건이 기대와 달리 반응이 좋지 않거나 상세페이지가 매력적이지 않다면 손해를 볼 수밖에 없다. 그런데 손해 보는 금액의 한도를 정해 놓지 않으면 하염없이 돈을 잃을 수밖에 없다. 나는 손해 보는 금액 한도를 2만 원으로 정했다. '한 물건을 실패해도 2만 원 이상 손해 보지 말자.'가 내 장사 철학이다. 이 이야기는 나중에 광고에 대한 설명을 할 때 더 자세히 이야기하겠다.

### → 둘째, 지속성을 가질 수 있어야 한다.

수박을 정말 좋은 가격에 구했다. 근데 딱 10통뿐이다. 당근마켓에서 매력이 있겠는가? 내 수강생들 중에서 잘 파는 사람은 단일 물건으로 홈쇼핑보다 많이 판다. 이 말은 과장이 아니다. 실제로 식품 제조 업체에서 자사 제품을 많이 판매한 내 수강생에게 했던 이야기이다.

당근마켓은 한 상품이 잘 되었을 때 밀어붙여야 한다. 상품이 맞고 상세페이지도 잘 만들어진 상태에 광고까지 잘 맞아떨어지면 시즌이 끝날 때까지 하루에 100개씩 파는 걸 목표로 밀어붙여야 한다.

물건의 수량이 너무 적으면 당근마켓의 장점을 잘 활용하지 못하게 된다. 내 수강생들 중에는 비싼 돈을 들여 컨설팅까지 받았지만 효과를 얻지 못한 사람도 있다. 실제로 오프라인에서 파일 장사를 크게 하고 있고 이미 동네에서 유명한데 온라인으로도 잘해 보고 싶어서 시도한 사장님이다. 그런데 이분의 사업 운영 방식이 온라인에는 맞지 않았다.

이 사장님은 매일 새벽 가락시장에서 과일을 떼 오는데 정말 양이 적었다. 오프라인 업장에서 판매하던 것을 감안해서인지 많이 구매했다고 해도 30박스가 최대였다. 정말 열심히 해서 수박 광고가 두 번이나 성공했는데도 오프라인으로 10박스, 온라인으로 20박스밖에 못 팔았다.

다행히 지금은 이 사장님이 전략을 바꿔서 광고가 하나라도 터지면 그다음 날에는 50박스, 100박스씩 물량을 키우고 있다. 바꾼 전략은 아직 진행 중으로 결론이 난 상태는 아니다.

그런데 이 사장님은 어떻게 '수박' 광고를 두 번이나 성공한 걸까? 바로 다음에 설명할 시즌성(유행성)이 있는 상품을 잘 찾았기 때문이다.

## 아파트 2채를 사 준 시즌성(유행성)

상품 선택의 3가지 기준 중 두 번째는 **'시즌성(유행성)일 것'**이다. 상품 판매에서는 시즌성(유행성)이 중요하다. 많은 사람이 내가 '복숭아'를 잘 팔아서 성공했다고 생각하는데 사실 내가 아파트를 살 정도로 잘 판 물건은 '납작복숭아'였다.

당근마켓의 고객으로 빙의되어 보자. 고객들이 당근마켓에 접속해서 피드를 슬슬 내려 본다. 그러다가 중고 물건들 사이에서 우리 광고를 발견한다. 어라? 마침 지금 계절에만 살 수 있는 ○○을 농장에서 바로 배송한다고 한다. 게다가 쿠폰을 발급받으면 할인까지 받을 수 있다.

고객들은 이런 스토리로 우리 물건을 구매하게 된다. 여기서 말하고 싶은 포인트는 바로 **'어라? 마침 지금 계절에만 살 수 있는⋯.'**이라는 부분이다. 당근마켓에서는 꼭 지금 사야 하는 포인트를 주는 것이 중요하다. 고객들이 페이지를 빠져나가지 않고 판매까지 이어지게 하기 위해서는 이것이 필수이다. 그래서 나는 당근마켓에서는 생필품을 추천하지 않는다.

여러분이 만약 지금 시즌에만 먹을 수 있는 참외를 당근마켓 광고를 보고 들어갔더니 이번 주까지 할인이라고 한다면 사 먹어 보지 않겠는가? 하지만 참외가 아니라 휴지 광고라면 어떻겠는가? 굳이 클릭을 하겠는가? 그냥 쿠팡에서 검색해서 사지 않겠는가?

당근마켓처럼 '검색광고(키워드 광고)'가 아닌 '피드광고'의 경우에는 지금 사야 하는 이유, 지금 클릭해야 하는 이유를 만드는 것이 중요하다. 이처럼 당근마켓에서는 시즌성(유행성)을 굉장히 중요하게 생각하고, 그러다 보니 당근마켓에서 흔히 많이 파는 물건이 시즌을 예측하기 쉬운 '과일'이 된 것이다.

시즌성과 유행성을 동일한 것처럼 말했지만 사실 엄밀히 따지면 다르다. 나는 납작복숭아를 판매하고 있었는데 마침 국민들의 사랑을 많이 받는 여자 탁구 선수가 납작복숭아를 경기 중에 먹으면서 에너지를 보충하는 게 화제가 되었다. 그래서 그 시즌에 납작복숭아가 미친 듯이 팔렸다. 난 원래 직원을 고용하지 않고 가내수공업 식으로 운영하는 편인데 이때 처음으로 직원을 2명이나 고용했다.

물론 이런 유행성은 예측할 수 있는 것이 아니라 결국 시즌성에 의존할 수밖에 없다. 하지만 시즌이 맞다고 필승하는 것은 아니다. 식품을 판다면 진입하는 타이밍이라는 것이 존재한다. 그리고 알맞은 타이밍에는 맛, 가격, 시점 3가지 조건이 존재한다.

### → 맛

우리는 물건을 파는 사람이다. 당연히 상품 자체의 퀄리티가 좋아야 한다. 그래서 맛이 좋은 시점에 판매하는 게 여러 가지 의미에서 중요하다. 당연한 이야기 아니냐고? 강의를 듣고 실행하는 수강생들 중 꽤 많은 사람이 상품의 퀄리티는 신경 쓰지 않고 광고만 해댄다. 나는 이런 사람들이 당근마켓 시장을 망친다고 본다.

심지어 몇만 원이나 가격 차이가 나는 '사양꿀'을 '천연꿀'로 속여 판매하는 업체도 몇 곳 알고 있다. 신고를 했는데 식약청에서는 판매자 주소가 불분명하고, 위탁인 점 등 여러 가지 이유를 들며 제재할 수 없다고 한다. 믿기지 않겠지만 실제 상황이다. 혹시 이런 업자들을 단속할 수 있는 방법을 여러분이 알고 있다면 나에게 알려 주었으면 한다. 나는 정말로 당근마켓 시장이 깨끗해졌으면 한다.

### → 가격

과일은 판매 시기에 따라 가격이 천차만별이다. 예를 들어 3~4월 시즌에 가장 많이 팔리는 것은 '참외'이다. 참외는 시즌 극초반에는 저렴하다가 본격적인 시즌이 되면 많이 비싸지고, 시즌 막바지가 되면 다시 가격이 풀린다. 더운 여름철이 되면 가격도 비싸면서 맛도 별로가 된다. 이렇게 같은 물건이라도 시기별로 차이가 있으므로 가격적인 이점을 누릴 수 있는 타이밍을 잡는 것이 굉장히 중요하다.

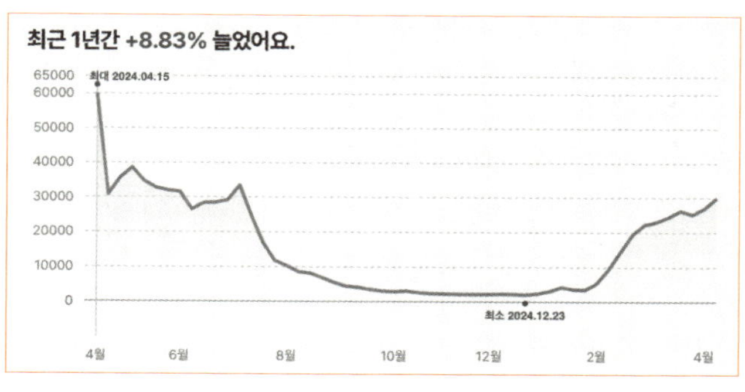


⋯ 키워드 '납작복숭아' 시즌성 요약 화면

### → 시점

맛과 가격 2가지가 좋다면 사실 1차적으로 OK다. 하지만 여기서 하나 더 보면 좋은 것이 있는데 바로 물건 판매에 들어가는 시점이다. 여러분에게 질문을 하나 하겠다. 다음은 참외 시즌이다. 만약 맛과 가격이 완벽하다면 어느 타이밍에 들어가는 게 가장 좋겠는가?

① 아무도 안 찾는 10~12월

② 시즌 초반인 3~4월

③ 시즌 절정인 5~6월

정답은? 바로 ② 시즌 초반인 3~4월이다. 아직 광고를 돌리고 있는 경쟁자가 없으니 광고비도 저렴하고, 상품도 고객들에게 신선하게 느껴져서 클릭률도 아주 좋다. 그럼 ① 아무도 안 찾는 10~12월이 더 좋지 않냐고 할 수도 있는데, 과일의 경우 완전 비시즌에는 물건 자체가 없고, 구매하려는 사람도 거의 없다. 과일이 아닌 상품을 예로 들면 '쌍화탕'이 있는데, 쌍화탕은 애초에 겨울이 아니면 클릭 자체를 하지 않는다.

장사를 잘하지 못하는 초보자들을 보면 이 타이밍이 엉망이다.

"남들 다 참외 판다더라. 요즘 참외 잘된다던데?" 하며 ③ 시즌 절정인 5~6월에 판매를 시작한다. 맛과 가격은 신경도 쓰지 않고 말이다. 그리고 이렇게 이야기한다.

"어, 참외 안 팔리던데?"

환장할 노릇이다. 지겨울 정도로 말하지만 우리가 하는 것은 '장사'이고, 상품에 대한 관심이 없으면 절대 성공할 수 없다.

## 🥕 하지만 일평사장의 기준일 뿐이다

상품 선택의 기준은 한낱 장사꾼인 내가 만든 것일 뿐이다. 당근마켓의 공식적인 입장도 아니고, 장사를 오랫동안 해 오면서 느낀 점을 정리한 것이다. 아마도 이 책을 읽는 사람들은 발견했겠지만, 나는 강사 출신이라 번호를 붙여 정리하는 것을 좋아한다. 그러니 내가 정한 3가지 상품 기준에 꼭 갇혀 있을 필요는 없다.

그중에서도 특히 시즌성은 여러분이 도저히 3가지 기준에 맞는 상품을 못 찾겠다면 포기해도 괜찮다. 내가 자주 언급하는 떡의 경우 1년 내내 잘 팔린다. 다만 명절에 더 잘 팔릴 뿐이다. 비단 이것뿐인가? 스터디룸을 운영하면서 부업으로 레몬을 파는 분이 있는데 레몬도 시즌성이 없다. 1년 내내 판매하는 물건이다.

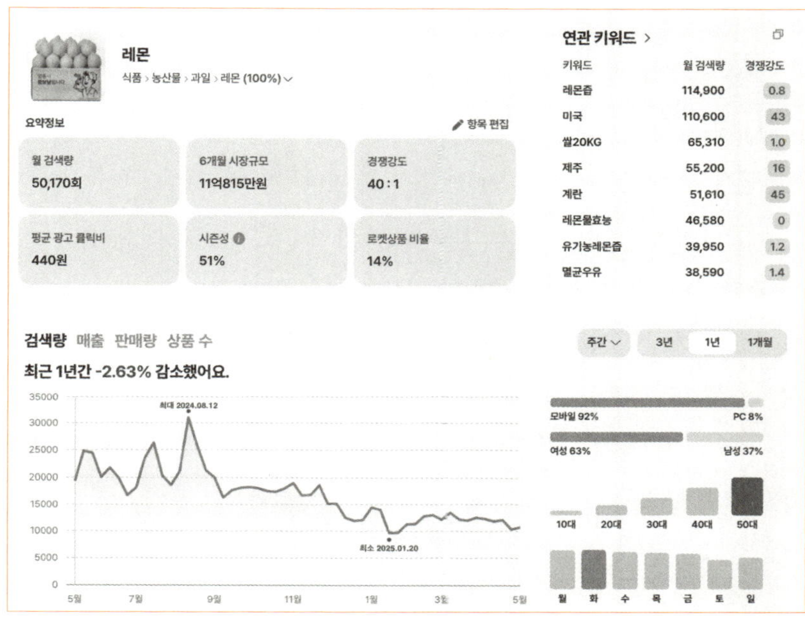



⋯ 키워드 '레몬' 정보 요약 화면

시즌성이 없는데도 그들은 잘 팔고 있다. 떡은 네이버 스마트스토어까지 진출해서 성공 가도를 달리고 있고, 레몬을 판매하는 사장님은 대대적인 공사를 통해 스터디룸을 모임 공간으로 바꿨는데도 그 수익보다 레몬 수익이 더 크다. 이뿐인가? 4장 맨 뒤에 성공 사례로 소개한, 서울시 공유 주방에서 개발한 밀키트를 판매하는 사장님은 오프라인 가게 사장님들보다 훨씬 큰 수익을 만들고 있다.

그러니 시즌성이 무조건 있어야 하는 것은 아니다. 하지만 시즌성이 있을 경우에 수익이 훨씬 더 큰 것은 사실이다. 이 장 뒤에 성공 사례로 소개한 '제주도 사장님'의 경우 현재 하루 순수익이 200만 원에 가깝다. 2개의 물건이 잘되었는데 둘 다 시즌성이었다.

레몬을 판매하는 사장님은 운 좋게 남편 친구 덕분에 레몬을 정말 저렴하게 가져와서 판매를 시작하게 되었는데, 현재 당근마켓에서 레몬 판매로는 1등이다. 한 달 순수익은 500만 원 정도 된다.

당근마켓은 네이버 스마트스토어나 쿠팡처럼 전 국민이 사용하는 앱이 아니기도 하지만 확실히 시즌성이 있는 물건이 많이 팔린다. '제주도 사장님'과 비교해 보면 내가 왜 '여름철 계곡에서 백숙 파는 것'이 당근마켓 장사라고 말했는지 이해가 될 것이다.

그래서 여러분은 '시즌성이 있으면 좋지만, 무조건은 아니다.'라고 생각하면 좋겠다. 그리고 3가지 기준 중 다른 2가지 기준은 반드시 지켜 나가기 바란다.

# 찹쌀떡은 되고
# 휘낭시에는 안 되는 이유

3가지 상품 선택의 기준에서 앞서 말한 **대형 키워드일 것, 시즌성(유행성)일 것** 외에 마지막 기준은 **'연령대가 높은 상품일 것'**이다. 그러니깐 10~20대 상품보다는 30~40대 이상의 고객들이 주로 찾는 상품일수록 좋다는 것이다.

빵을 직접 만드는 카페를 운영하는 사장님이 먼저 컨설팅을 요청하며 나를 찾아왔다. 그 당시 나는 판매 관련한 강의도 하지 않았고 상품에 대한 기준 따위도 갖고 있지 않았다. 당시 유튜브에서 자주 이야기한 게 대형 키워드를 많이 써야 한다는 것이었다.

이 사장님은 열정이 넘치셨다. 내가 유튜브에서 말한 대형 키워드에 꽂혀 나에게 먼저 연락을 주셨는데 그 키워드는 바로 '휘낭시에'였다. 그런데 난 처음부터 휘낭시에라는 키워드가 왠지 찝찝했다. 판다랭크로 분석한 결

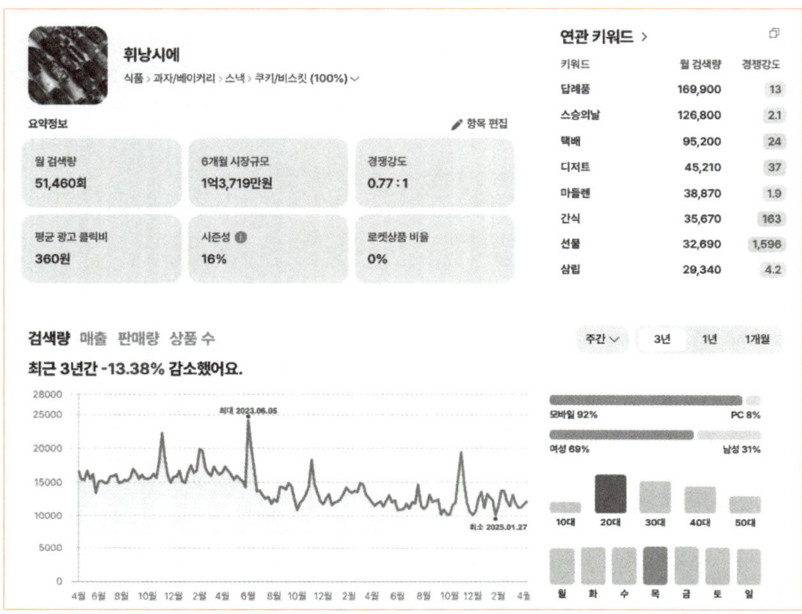


⋯ 키워드 '휘낭시에' 정보 요약 화면

과를 한 번 보자.

'휘낭시에'라는 검색어는 월 검색량도 좋고, 6개월 시장규모도 엄청나다고 말할 수는 없지만 적지 않다. 아쉽게도 시즌성은 없지만 앞에서 말한 것처럼 시즌성이 절대적인 것은 아니다.

게다가 본인이 직접 만든다고 하니 마진도 많이 남을 것이다. 그렇다면 정말 좋은 것 아닌가? 하지만 뭔지 모르게 계속 마음에 걸렸다. 아무리 생각해도 나는 대부분의 사람은 거의 들어 보지도 못한 '휘낭시에'를 20대가 당근마켓에서 사 먹을 것 같지 않았다. 그래서 며칠 테스트를 해 봤다.

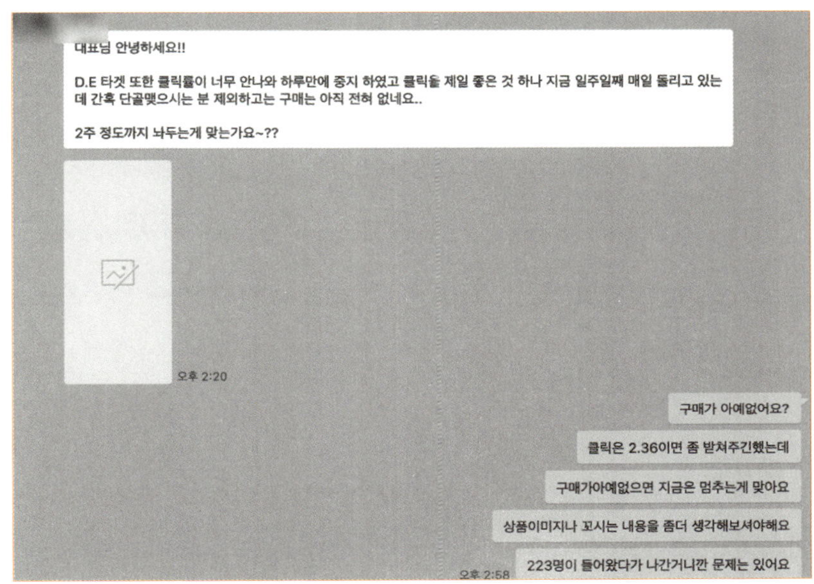


⋯› 베이커리 카페 사장님과 주고받은 휘낭시에 관련 채팅 화면

대화에 나오는 DE타깃이라는 건 나중에 광고 부분에서 이야기할 테니 여기서는 그냥 넘어가자. 클릭률이 2.36%면 나쁘지 않다. 보통 광고 업체들이 이야기할 때 2.5%를 넘으면 성공인 것처럼 의기양양한데 실패한 광고임에도 2.36%가 나왔다. 그런데 구매는 없었다. 그래서 나는 문제가 있다고 판단했고 멈추라고 말씀드렸다. 그리고 다음 컨설팅에서 상품 교체를 권유했다. 이후 이 사장님은 다음과 같은 톡을 보냈다.

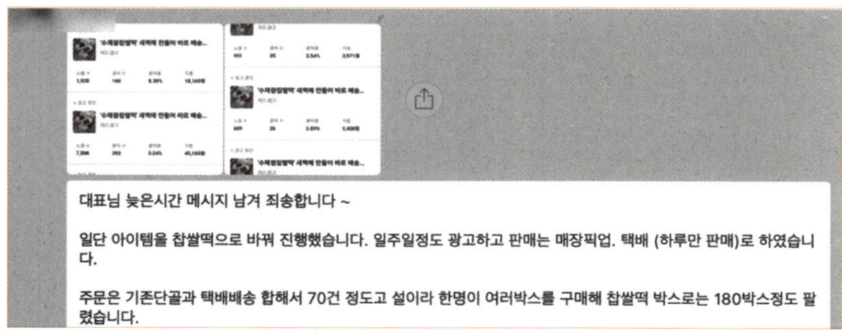



···> 베이커리 카페 사장님과 휘낭시에를 찹쌀떡으로 바꿨을 때의 성과를 공유한 채팅 화면

중요한 부분만 짚어 보면, **택배는 하루만 판매했는데 기존 단골과 합쳐서 박스로 180건이 나갔다는 것이다.** 테스트 기간이라 광고비도 적게 썼는데 엄청난 효과였다. 물론 이후에는 광고비를 늘려서 많은 판매를 이끌어 냈는데, 광고비를 늘리는 부분은 나중에 이야기하겠다.

어떻게 이런 일이 있을 수 있었을까? 광고도 같은 사람이 만들었고, 소식 내용도 같은 사람이 만들었다. 두 상품은 딱 4~5일 간격으로 같은 사람이 같은 방식으로 만든 것이다. 특별한 마법 같은 기술은 따로 없다는 것이다.

그렇다면 바뀐 게 뭘까? 맞다. 상품이다. 상품이 '휘낭시에'에서 '찹쌀떡'으로 바뀌었다. 그렇다면 찹쌀떡의 판다랭크 지표를 보자.

모든 수치가 높고 낮음의 차이가 있지만, 가장 결정적인 차이는 물건을 찾는 연령대가 다르다. 그러니 휘낭시에와 찹쌀떡의 차이는 연령대에 있다고 할 수 있다.

장사에 마법은 없다. 성실하게 물건을 찾고, 매력적이게 보여 주는 것뿐이다. 많은 사람이 마치 안 팔리는 물건도 광고만 잘하면 잘 팔린다고 생각

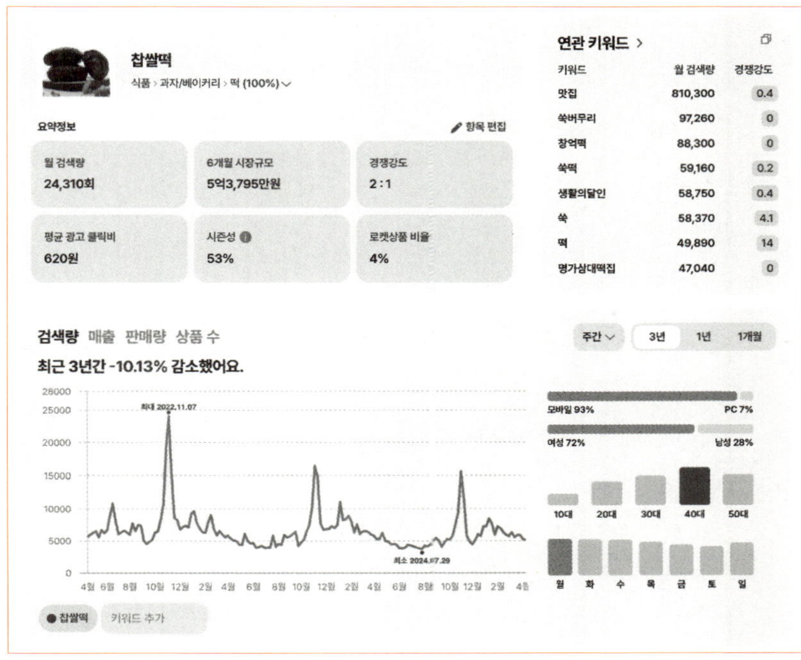



⋯▶ 키워드 '찹쌀떡' 정보 요약 화면

하는데 전혀 그렇지 않다. 여러분 주변에 그런 말을 하는 마케터가 있다면 절대로 믿지 마라. 그렇게 광고만으로 잘 팔 수 있다면 본인이 직접 물건을 팔아서 부자 되라고 전해 줘라. 그건 장사가 아니다.

지금 이 사례를 보면 알 수 있듯이 성공이냐 아니냐는 상품이 결정한다. 나는 성공한 수강생들은 가능하면 인터뷰를 한다. 나를 홍보하는 것에도 도움이 되기 때문인데 인터뷰 후에도 계속 성공 가도를 달리는 사장님과 여러 가지 사정으로 허우적대는 사장님의 가장 큰 차이를 보면 '상품 선택의 기준'을 얼마나 잘 지키는가에 달려 있다.

보통 허우적대는 사장님들은 첫 상품으로 큰돈을 번 뒤에 상품 선택의 기준 따위는 잊고 대충 올려대기 시작한다. 광고 알고리즘이 어떠니, 로직이 어떠니 하며 마치 판매의 비결이 상품 이외의 것인 양 다른 것에서 비결을 찾는다.

하지만 계속 성장하는 사장님들은 다르다. 그들은 한 물건 한 물건 선택할 때마다 신중하다. 그리고 나름대로 기준을 더한다. 최근에는 '건강'이 당근마켓에 잘 먹히더라, 50대 이후가 잘 팔린다더라 등 나름대로의 기준이 생긴다.

이렇게 상품에 집중하느냐 아니냐는 잠깐의 상품 판매뿐만 아니라 장기적인 장사꾼으로서의 성장에도 중요하다.

# 연령별 소비자의 니즈를 반영한 제품 기획

이제 여러분은 당근마켓에서 통하는 상품 선택의 3가지 기준을 배웠다. 마지막에 말한 기준은 바로 '연령대가 높은 상품일 것'이다. 그런데 이 '높다'는 기준이 조금 애매하게 들릴 수 있다. 대체 몇 살을 높다고 보는 걸까?

사실 내가 생각하는 연령대가 높다는 기준은 30세 이상을 말한다. 내 경험상 35세 이상부터 확실히 구매를 잘하는 듯하고, 모든 온라인 플랫폼이 그렇듯이 여성들이 구매를 더 잘한다. 특히 당근마켓에는 식품이 많아서 더욱 그렇게 느껴진다.

그러면 30세 이상, 그러니까 35세 이상의 여성은 무조건 구매를 잘하는 걸까? 그런데 꼭 그렇지도 않다. 가장 좋은 것은 여러분이 직접 판매를 하면서 테스트를 해 보는 것이다. 지금부터 내 경험을 바탕으로 당근마켓에서의 주 타깃을 분석해 보겠다.

### → 30대 초반

클릭률도 안 나오고 클릭을 한다고 하더라도 구매하는 경우가 적었다. 젊은 주부들이 활력 넘치게 구매해 줄 거라고 생각했는데 내 생각과 많이 달랐다.

### → 35~49세

타깃과 잘 맞았을 때 가장 구매 전환율이 좋았다. 특히 과일의 경우 그랬다. 당근마켓에서 꽤나 중요한 부분이 '구매하겠다고 채팅까지 받은 다음에 실제로 입금이 바로 되느냐?'인데 이 연령대 고객들은 채팅 후 결제하는 비율이 정말 높았다. 관심이 있는 고객들은 거의 대부분 바로 구매를 하는 편이었다.

### → 50대

구매 전환율이 가장 높은 연령층이다. 가격에도 민감하고 상품이 안 좋은 경우에는 컴플레인도 많았는데, 이는 좋지 않은 상품을 팔았으니 당연히 받아야 하는 질책이었다.

### → 55세 이상

가격에도 가장 민감하고 클릭 후에 구매를 하는 비율도 낮았다. 채팅까지 했는데도 구매는 하지 않는 경우가 가장 많은 연령층이었다. 하지만 건강 관련 상품은 마진도 많이 남고 55세 이상을 타깃으로 했을 때 나름 구매 전환이 좋았다. 이들에게 판매할 때는 중요한 게 있는데 바로 채팅이 왔을 때 '친절한 것'이다. 친절하게 대하느냐 아니냐는 40세 이상의 타깃에서는 정말 중요한 부분이다.

지금까지 말한 타깃은 모두 여성이다. 남성은 사실 온라인 판매, 특히 식품에서는 잘 안 되는 타깃이다. 하지만 나는 모든 상품을 반드시 남성도 같이 테스트해 본다. 이유는 간단하다. 타깃과 안 맞지만 만약 남성에게도 적합한 물건이라면 클릭 대비 구매 전환율이 정말 높기 때문이다. 결제가 늦는 경우도 거의 없고 본인들에게 맞는 물건이라면 높은 비율로 구매한다.

이렇게 타깃별로 특징이 다르기에 내 나름대로 테스트해 본 결과를 수강생들과 공유한다. 하지만 타깃은 상품에 따라 특징이 다를 수 있으니 상품마다 직접 테스트해 보는 것이 가장 좋다.

# 트럭기사에서
# 하루 200만 원 셀러가 되다

인터뷰 영상 보기

유튜브 「일평사장」 수강생 인터뷰

이분을 만나려고 근 10년 만에 제주도에 갔습니다. 모든 분이 그렇겠지만 이분 역시 처음에는 정말 왕초보였습니다. 사업자등록증부터 입점까지 모든 게 다 처음이어서 저를 정말 힘들게 했습니다.

이 사장님은 '정말 열심히 하는' 모습이 매력적이었습니다. 하루에 12시간씩 트럭운전을 하는 마트 트럭 기사로 주 6일을 일했는데 퇴근하면 카페에 가서 제 강의를 노트 필기까지 하면서 공부했습니다. 그러던 어느 날 순수익 300만 원

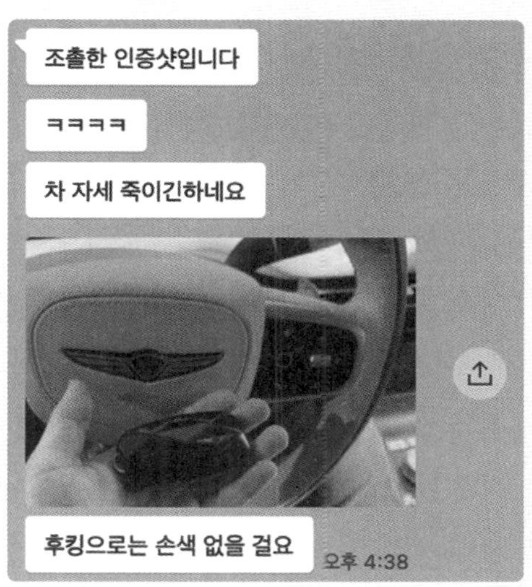


인터뷰 수강생의 최근 근황

을 벌었다고 말씀하시더니, 다음에는 1,000만 원, 그다음에는 2,400만 원을 달성했다고 했습니다.

이분은 열심히 하는 것뿐만 아니라 도전하는 것을 두려워하지 않았습니다. 본인의 체력이나 노력에 들인 시간을 전혀 아까워하지 않았습니다. 물건이 없을 때도 물건이 있는 것처럼 페이지를 만들어서 광고를 돌려 보기도 하고, 잘되는 물건도 0.1%라도 더 잘되게 하기 위해 페이지의 후킹 문구를 매번 바꾸었습니다.

요즘엔 가끔씩 유튜브 섬네일로 쓰라고 이미지도 보내주십니다. 실제로 최근에 차도 바꾸고, 연세에 비해 힘든 일을 하시던 어머니까지 직원으로 고용하셔서 함께 일하고 계십니다. 이제 이분은 저보다 매출이 더 큰 사장님이십니다. 시간이 더 지나면 제가 쳐다보지도 못할 곳에 계실지도 모르겠습니다. 꼭 그랬으면 좋겠습니다.

# 초보 셀러를 위한 노출과 광고 운영 전략

# 당근마켓 광고 시스템의
# 기본 원리

## 최저 광고비로 최대 노출

나는 강의와 컨설팅을 시작하고 나서 온라인 셀러들과 오프라인 셀러들의 차이를 알게 되었다. 온라인 셀러들은 광고를 정말 중요시한다. 그래서 열심히 배운다. 강의도 듣고 이것저것 기술을 다양하게 배운다. 그들의 문제는 광고를 너무 중요시한다는 것이다. 광고는 상품을 홍보해 주는 수단에 불과한데 그들은 인터넷 장사는 광고가 전부라고 생각한다. 그리고 본인 광고가 잘 안 통하면 그 플랫폼이 안 되는 플랫폼이라고 생각한다.

반대로 오프라인 셀러들은 본인이 식당을 하거나, 상품을 유통해 본 경험이 있기에 상품 자체를 정말 싸게 잘 가져오고 상품 퀄리티도 좋다. 무엇보다 가격 메리트가 있다. 본인이 오프라인 장사에 투자해 온 만큼 온라인 장사에서도 상품에서 경쟁력을 가지는 것이다. 하지만 광고만 나오면 겁부터 먹는다. 마치 슈퍼컴퓨터로 프로그램을 만드는 것마냥 어려운 거라고 생각한다. 그러다 보니 그들은 다음 2가지 행동 중 하나를 보인다.

### → 대충 올리기

그냥 당근마켓이든 네이버든 어디든 들어가서 '다음' 버튼을 연타하며 물건 하나를 올린다. 그 결과는? 당연히 실패다. 그렇게 '다음' 버튼만 눌러서 성공할 수 있으면 이런 책이 왜 있겠는가?

### → 광고 업체에 맡기기

광고에 대해 자신이 없다 보니 직접 하기보다 광고 업체에 맡기는 경우가 많다. 당근마켓이든 어느 플랫폼이든 가입하면 여러 업체에서 전화가 온다. 네이버나 인스타그램, 유튜브 등에서도 자기네 회사에 광고를 맡기면 부자가 될 것처럼 홍보한다. 그렇게 쉽게 부자가 될 것 같으면 자기들이 직접 팔지 왜 연락을 할까?

나는 오프라인 업장을 운영하는 사장님들을 존경한다. 대한민국 경제에 도움이 되는 분들로서 진짜 어려운 일을 하고 있는 것이다. 그들이 하는 사업들은 나 따위가 하는 일에 비하면 훨씬 복잡하고 대단하다.

그러니 제발 '광고 따위'에 쫄지 마라. 광고 따위 때문에 포기하지 마라. 광고 전문가처럼 보이는 사람들, 유튜브에서 주식 창처럼 켜 놓고 광고를 분석하는 사람들, 마케팅 회사를 운영하는 사람들…. 다들 뭔가 대단한 사람들 같지만 전혀 그렇지 않다. 그들이 알고 있는 광고 지식이란 고작 2~3시간이면 전수할 수 있는 아주 작은 양에 불과하다. 여러분이 하고 있는 오프라인 장사가 훨씬 더 어렵고 대단한 것이다.

그러니 제발 광고는 배워서 직접 만들어라. 몇 시간만 투자하면 되는 지식 때문에 광고 업체에 휘둘리고, 광고비만 쓰고, 장사하는 내내 발전 없이 스토어를 운영하지 않기 바란다. 몇몇 잘못된 길을 가고 있는 온라인 셀러들도 알고리즘이나 로직 같은 것에 휘둘리지 말기 바란다. 몇백만 원짜리 컨설팅? 마법 같은 비결? 그런 것은 존재하지 않는다. 알고리즘 분석? 로직 이해? 웃기는 소리다.

여러분 생각에 네이버나 당근마켓이 "이 어려운 로직을 풀어내면 장사를 잘되게 해 주겠어!"라고 할 것 같은가? 아니면 "클릭 잘 받고 구매 잘되고 후기도 좋은 상품을 계속 노출시켜 줘야겠어."라고 하겠는가?

로직이나 알고리즘은 분명히 존재한다. 하지만 그런 것들은 시장을 유동적으로 운영하고 한 분야에서 정상적이지 않은 과열을 방지하기 위해 '조정'이 되는 것이지 뭔가 수수께끼 같은 것이 아니다. 중요한 것은 상품과 그 상품에 대한 관심이다. 광고는 그것으로 유도하기 위한 수단에 불과하다. 이런 말을 하면 기존 온라인 셀러들은 나를 비난할 수도 있다.

"웃기고 있네. 온라인 장사는 광고 로직을 파악해서 알고리즘을 이용해서 하는 것이야."

내가 하고 싶은 말은 이 책을 잘 읽고 장사의 관심을 '광고'에서 '상품'으로 조금만 더 옮겨 보라는 것이다. 그럼 여러분의 수익이 변하는 것을 느낄 수 있을 것이다.

아이러니하게도 내가 이렇게나 상품의 중요성을 강하게 언급하지만 내 강의에서 가장 많은 분량을 차지하는 것은 광고이다. 여러분의 성공을 좌지우지하는 것은 분명히 '상품'이지만 '광고'에 대한 이해 없이는 아무것도 할 수 없다. 그러니 여러분은 이 책을 통해, 그리고 정상적인 영상과 조언들을 통해 광고에 대해 확실하게 이해를 하자.

## 🥕 광고는 결국 관심이다

앞서 말했듯이 내 강의에서 가장 큰 분량을 차지하는 것이 광고이다. 그리고 내 광고 기술은 몇 시간 안에 전부 전달할 수 있는 '별거 아닌 것'이다. 그러니까 여러분도 광고 분야의 지식에서만큼은 하루이틀이면 나처럼 될 수 있다. 하지만 내가 자신 있게 말할 수 있는 것이 있다. 바로 내가 대한민국에서 광고를 제일 잘 돌린다는 것이다.

### → 나는 대한민국에서 광고를 제일 잘 돌린다.

진심이다. 괜히 어그로를 끌려는 것도 아니고 자존심을 부리는 것도 아니다. 정말 자신 있게 말할 수 있다. 광고르 난다 긴다 하는 사람들, 광고 업체들 다 나와 봐라. 한 번도 나보다 광고를 잘 운영하는 사람을 본 적이 없다. 하지만 여기에는 '내 물건'에 대한 광고라는 조건이 있다. '내 물건'의 광고일 경우 나는 대한민국에서 광고를 제일 잘 돌린다.

### → 나는 '내 물건'의 경우 대한민국에서 광고를 제일 잘 돌린다.

분명히 광고 기술 자체는 큰 의미가 없다고 했고, 내가 가지고 있는 광고 지식도 금방 습득할 수 있는 것이라고 했는데 왜 내가 최고라고 하는 걸까? 거기에 왜 '내 물건'이라는 전제가 붙는 걸까?

바로 광고는 '관심'이기 때문이다. 광고는 특별한 마법이 아니라 내 상품을 누가 좋아하는지, 내 상품을 몇 시에 많이 구매하는지, 어느 지역에서 많이 구매하는지를 분석해서 내 상품을 구매할 것 같은 타깃을 찾아 공략하는 것이다.

나는 매일 아침 일어나면 다음 2가지를 한다.

첫째, 상품 쿠폰의 기한을 오늘까지로 바꾼다. 구체적인 내용은 나중에 구매 전환 장에서 설명하겠다.

둘째, 이전 광고들을 체크한다. 만약 처음 돌리는 광고가 있다면 진행 유무를 결정하고, 기존의 것들 중 구매 전환이 확실한 상품이 있다면 후킹 문구나 고객들의 반응을 점검한다.

"음…. '공동구매 신화!'라는 문구는 잘 안 먹히는군."

"오호, '너무 많이 수확되었다.'라는 문구는 잘 먹히네?"

"아, 55세 이후는 구매를 잘 안 하네."

이 결과를 토대로 내 광고를 수정하고 바꿔 나간다. 그렇게 나는 또 한번 성장하는 것이다.

나는 절대 스스로 '사업가', '마케터'라고 말하지 않는다. 뼛속까지 '장사꾼'이다. 내 물건을 잘 팔아야 남의 물건도 잘 팔고 도와줄 수 있다. 대체 내 물건을 팔아 본 적도 없는 마케터들을 어떻게 믿고 맡기는가? 여러분이 장사를 시작하고 광고를 시작한다면 명심하기 바란다. 내 물건에 가장 큰 관심을 가지는 사람은 바로 나라고….

이제 본격적으로 광고를 집행하기 전에 먼저 광고 시스템에 관해 이야기하겠다. 당근마켓에만 적용되는 것은 아니고 현재 많은 온라인 플랫폼에서 이용되고 있는 것이다. 내가 자주 하는 말이 있는데 바로 '적을 알고 나를 알면 백전백승'이라는 것이다. 광고 시스템에 대해 이해하면 자연스럽게 '광고'를 알게 되고, '성공'할 수 있는 길이 보인다. 너무 긴장할 필요는 없다. 최대한 여러분이 이해하기 쉽게 설명하겠다.

정답이 명확한 것은 아니지만 질문을 하나 해 보겠다.

"최고의 광고란 무엇일까?"

'고객과 소통하는 광고?'

'고객을 감동시키는 광고?'

'나와 고객을 연결하는 광고?'

이런 형이상적인 이야기 말고 솔직하고 노골적으로 이야기해 보자. 장사꾼에게 최고의 광고란 무엇일까?

**'돈 많이 벌어다 주는 광고'** 아닌가? 좀 더 풀어서 이야기하면 이렇게 말할 수 있다.

'광고비는 적게 나가고 상품은 많이 팔리는 광고'

'싸게 잘 도는 광고'

상품의 구매 전환은 차치하고 광고 자체로만 봤을 때 가장 중요한 것은 '저렴하게 운영되는 광고'이다. 그러니까 장사꾼의 입장에서 광고를 돌릴 때 체크해야 하는 것은 '얼마나 싸게 잘 도는가?'이다. 이게 굉장히 중요하다.

온라인 장사를 하게 되면 어떤 게 중요하고 어떤 걸 체크해야 하는지 감을 잡기 어렵다. 목적이 불분명하기 때문이다. 이럴 때는 '잘 나누는' 사람이 승리한다.

당근마켓에서 구매 3단계를 다시 한 번 살펴보자.

**1단계** 상품 선택

**2단계** 노출

**3단계** 구매 전환

광고는 어느 단계에 속하겠는가? 2단계 노출이다. 그렇다면 상세페이지는 어느 단계에 속하겠는가? 3단계 구매 전환이다. 구매 전환과 광고가 전혀 연관이 없다고는 말할 수 없지만, 광고를 잘못 돌려서 클릭을 전혀 받지 못하는 상황인데 상세페이지를 수정한다거나 하는 멍청한 행동은 하지 말아야 한다. 반대도 마찬가지다. 클릭은 잘 받고 있는데 구매 전환이 안 되고 있다면 그건 상세페이지 내부의 문제이다. 이때 광고를 수정해서 구매 전환을 만들어 보겠다는 것도 마찬가지로 멍청한 행동이다.

다시 말하면 광고를 돌리는 목적, 광고를 돌리면서 확인·분석하는 이유는 바로 '광고를 저렴하게 효율적으로 돌리기 위해서'이다. 그렇다면 광고를 저렴하고 효율적으로 돌리기 위해 어떻게 해야 할까?

정답은 간단하다.

'클릭을 많이 받아야 한다.'

오잉? 이게 무슨 소리인가? 클릭을 많이 받아야 광고가 싸게 돈다고? 클릭을 많이 받으면 광고비가 많이 붙는 것 아닌가? 여기서 클릭당 비용이 측정되는 원리를 이해해야 한다.

# 클릭당 비용을 아끼는 광고비 최적화 기술

## 클릭당 비용이 측정되는 원리

좋은 광고란 '싸게 잘 도는 광고'이고, 싸게 잘 돌게 하기 위해서는 클릭을 많이 받아야 한다. 이게 무슨 말일까? 먼저 클릭당 비용(CPC)이 측정되는 원리를 알아보자.

광고비는 고객이 내 광고를 클릭할 때마다 사업자인 내가 지불한다. 만약 클릭당 비용이 1,000원이고 고객 10명이 클릭했다면 나는 광고비로 10,000원을 쓰게 되는 것이다. 그러므로 광고를 싸게 잘 돌리기 위해서는 클릭당 비용을 줄여야 한다. 일반적으로 클릭당 비용은 클릭을 많이 받으면 많이 받을수록 줄어든다. 즉 예시한 클릭당 비용 1,000원은 고정되어 있는 것이 아니라 변한다는 것이다.

이전에 광고를 잘못 배운 온라인 셀러들은 이렇게 말한다.

"클릭당 비용은 정해져 있는 것이다. 우리가 지정할 수 있다."

전혀 그렇지 않다. 당근마켓에서 광고를 이미 하고 있는 여러분은 전문가모드에서 광고비를 지정할 수 있다고 생각하겠지만, 전혀 그렇지 않다. 네이버 스마트스토어 광고비조차 정해진 것이 아니라 클릭률과 클릭 성과에 따라 유동적으로 변한다.

만약 같은 물건을 파는 두 사람이 있다고 생각해 보자. A라는 사람은 클릭을 100명에게 받았다. B라는 사람은 같은 물건으로 같은 시간 동안 고작 클릭을 10명밖에 못 받았다. 그렇다면 광고비는 어떻게 될까?

| | 클릭 수 | CPC |
|---|---|---|
| A 사업자 | 100명 | 1,000원 |
| B 사업자 | 10명 | 100원 |

이렇게 CPC가 10배 차이가 난다. 물론 이 1,000원, 100원의 차이는 내가 임의로 만든 것이고, 실제로는 몇 원 단위까지 조금씩 다르다.

| 클릭 수 | 비용(부가세 포함) | 클릭률 | 클릭당 비용(CPC) |
|---|---|---|---|
| 302 | 37,070원 | 5.74% | 122원 |
| 83 | 10,043원 | 5.77% | 121원 |

⋯▶ 전문가모드에서 광고 클릭율과 클릭당 비용

실제 광고 화면을 보면 클릭률 5.77%로 미세하게 5.74%보다 높은 클릭을 받은 광고가 1원 정도 저렴한 것을 볼 수 있다.

이해가 되는가? 그렇다면 더 깊이 따져 보자. 만약 50명이 클릭을 할 때마다 물건이 하나씩 팔린다고 생각해 보자. 그러니까 50:1의 비율로 팔리는 것이다. 그렇다면 A사업자는 얼마의 광고비를 지불할 때마다 물건 1개를 팔 수 있겠는가?

1,000원 × 50 = 50,000원

즉 5만 원을 쓸 때마다 물건 1개를 판매할 수 있다.

반대로 B사업자는 어떨까? 똑같이 50:1의 비율로 한 물건씩 팔린다면?

100원 × 50 = 5,000원

즉 5,000원을 사용할 때마다 물건 1개가 팔린다.

만약 마진이 1만 원짜리 물건이라면, B사업자의 경우 광고비를 쓰면 쓸수록 수익이 점점 커지게 된다. 하지만 A사업자는 어떨까? 광고비를 쓰는 행위 자체를 멈춰야 한다.

에이, 과장하지 말라고? 같은 물건인데 저렇게 차이가 나겠냐고?

지금은 참외철이라 내 수강생들 중 참외로 재미를 보고 있는 사람이 많다. 공급처도 똑같은 곳에서 참외를 받아서 팔고 있는데, 다음 채팅 내용을 보면 재밌다.

첫 번째 수강생은 140~150원의 클릭당 비용으로 참외를 팔았고 한 시즌

동안 말 그대로 재미를 보았다. 하지만 두 번째 수강생은 300~400원의 클릭당 비용으로도 구매를 만들지 못하고 있다. 똑같은 물건을 파는데도 이렇게 차이가 난다.

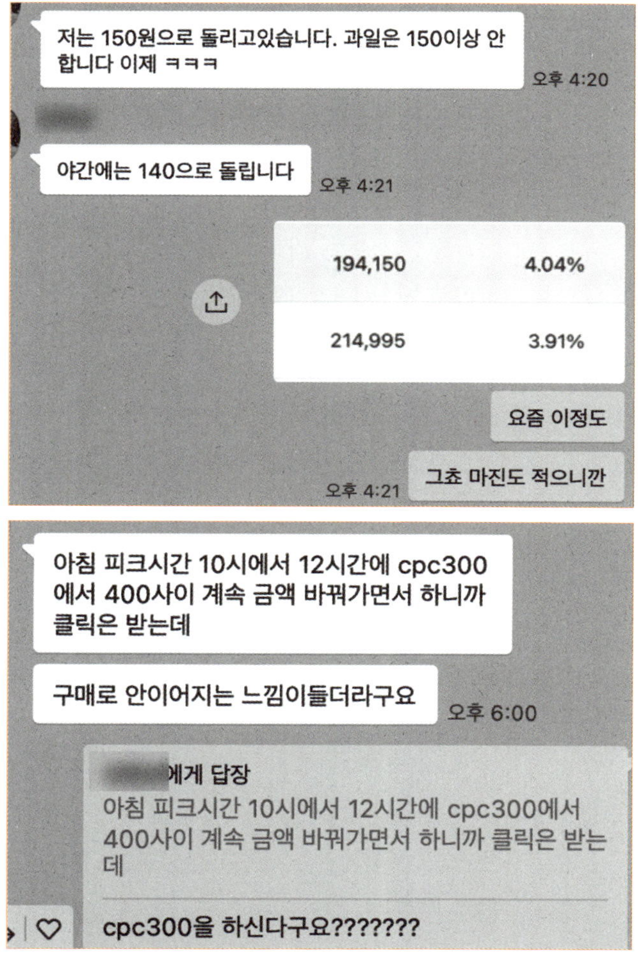



⋯ 수강생과 주고받은 클릭당 비용 관련 채팅 화면

이렇게 클릭당 비용은 정해져 있는 것이 아니라 유동적이다. 그리고 앞서 말한 것처럼 '클릭을 많이 받을수록' 떨어진다.

그러니까 첫 번째 수강생은 클릭을 많이 받았고, 두 번째 수강생은 클릭을 적게 받았기 때문에 금액 차이가 2배 이상 나는 것이다.

결론적으로 좋은 광고란 '싸게 도는 광고'이고, 광고를 싸게 돌리기 위해서는 '클릭을 많이 받아야 한다.' 그렇다면 클릭을 많이 받으려면 어떻게 해야 할까?

한 번 생각해 보자. 내가 오늘 클릭한 광고들을 떠올려 보자. 그 광고를 왜 클릭했을까? 여러분이 오늘 그 광고를 클릭한 이유만 잘 파악하면 여러분의 광고도 똑같이 클릭을 많이 받아서 저렴한 가격으로 운영할 수 있다.

이유를 분석해 보자.

### → 첫째, 타깃이 있다.

나는 30대 후반 남성으로 40대를 앞두고 있다. 이런 나에게 10대들이 좋아할 만한 '캐릭터 다이어리'가 광고로 내 피드에 올라온다면 클릭을 받을 수 있겠는가? 당연히 없을 것이다. 인스타그램에서 아무리 좋은 반려동물 동반 가능 카페를 홍보해도 내가 거주하고 있는 곳과 멀다면 방문하기 힘들 것이다. 보통 타깃을 정할 때는 성별, 연령대 등이 중요하지만 당근마켓에서는 특히 지역이 중요한 역할을 한다.

### → 둘째, 후킹이 있다.

후킹이라는 건 고객이 클릭하기 전에 보이는 이미지와 문구를 말한다. 후킹은 너무 자극적이지도 않고 너무 무난하지도 않은 정도로 하는 것이 가장 좋다.

가끔 나에게 자신의 후킹 문구와 이미지를 봐 달라고 부탁하는 경우가 있는데, 여러분의 후킹을 판단하는 것은 내가 아니라 고객이다. 내가 점수를 매겨서 높은 점수면 좋은 후킹이고, 낮은 점수면 안 좋은 후킹이 아니다.

온라인 '마케터'라는 사람들이 이 후킹을 무시하는 것을 종종 본다. 예전에 유명 채널 인터뷰를 한 적이 있는데 나랑 같이 온 다른 인터뷰 참가자의 스승이라는 사람이 내가 후킹에 대해 이야기하는 걸 보고 본인은 후킹을 사기라고 생각한다고 말한 적이 있다.

그 제자분은 안타깝게도 스승을 잘못 만났다. 진짜 난다 긴다 하는 유명 마케터들 그리고 톱 셀러들이 하루 종일 생각하는 것은 광고 타깃? 알고리즘? 그딴 것이 아니다. 바로 상품과 후킹이다.

어떤 상품을 어떻게 고객에게 보여 줄까? 진짜 장사로 돈을 벌어 먹고사는 사람들은 바로 이것을 생각한다는 것이다.

**→ 셋째, 상품이 있다.**

우리는 지금 2단계인 노출을 공부하는 중 아닌가? 그런데 왜 여기서 1단계인 '상품 선택'을 이야기하는 것인가? 정말 미안하지만 상품 자체가 매력적이지 않다면 클릭을 받을 수가 없다. 그래서 상품 선택에 대해 그렇게 강조하는 것이다. 아무도 좋아하지 않을 상품, 혹은 플랫폼과 맞지 않는 상품이라면 아무리 광고한들 클릭을 받기 어렵다. 미리 예고하자면 3단계인 구매 전환에서도 '상품 선택'이 중요한 역할을 한다.

이렇게 클릭당 비용을 줄이기 위해서는 클릭을 많이 받아야 하고 클릭을 많이 받기 위해서는 타깃, 후킹, 상품 3가지가 중요하다.

나는 장사만큼이나 강의를 오래 해 오다 보니 이제 수강생들의 질문만 봐도 그들의 이해도를 알 수 있다. 앞에서 말한 클릭당 비용이 300~400원이 나온다는 수강생은 정말 아쉽지만 저 당시에는 노출과 구매 전환 단계를 아예 나누지 못했을 뿐더러 클릭률을 올리려는 노력조차 하지 않았다. 클릭당 비용을 줄이려는 시도 자체를 하지 않은 것이다. 저 수강생은 이제 내 강의를 듣기 시작하여 열심히 공부하는 중이다. 열정이 넘치는 분이라 분명히 성공할 거라고 믿는다.

## 🥕 용어에 신경 쓰지 마라

가끔 오프라인 미팅을 하면 꼭 어려운 용어를 섞어서 질문하거나, 실제로 사업 자체를 너무 어렵게 파악하는 사람이 있다. 이런 사람을 보면 정말 한숨부터 나온다. 당근마켓 자체가 그렇게 복잡한 시장이 아닌데 대체 왜 어렵게 끌고 가는가?

실제로 당근마켓에서는 구매 전환율이타는 표현을 쓰지 않는다. 애초에 당근마켓에서는 구매 전환율을 계산하기 어려울 뿐더러 즉각적이지도 않기 때문이다. 대신 나는 '몇 명 클릭해서 몇 명이 구매를 했느냐?'만 즉각적인 수치로 본다. 그게 구매 전환율 아니냐고? 조금 다르다.

예를 들어 50명이 클릭해서 1명 구매했으면 50:1, 30명이 클릭해서 1명 구매했으면 30:1 이런 식으로만 보고 굳이 비율(%)로 바꿔서 보지 않는다. 이렇게 하면 내가 광고비로 얼마를 썼을 때 1개의 물건을 팔 수 있는지 즉각적으로 계산이 가능하다.

예를 들어 구매 전환율이 2%이고 클릭당 비용이 130원이라면 내가 1개의 물건을 팔기 위해 얼마를 투자해야 하는가?

바로 계산이 되는가? 정말 진심으로 부럽다! 나는 뼛속까지 문과라 이렇게는 계산을 못하겠다. 하지만 같은 말을 이렇게 하면 어떤가?

50명이 클릭할 때마다 1개씩 팔리는 50:1의 판매에서 클릭당 비용이 130원이라면 물건 1개를 팔기 위해 얼마를 투자해야 하는가?

50(클릭 수) × 130원(클릭당 비용) = 6,500원(물건 판매 광고비)

난 이렇게 즉각적으로 계산되는 것이 좋다. 굳이 나오지도 않는 구매 전환율을 억지로 계산하지 않는다. 하나 더 굳이 말하자면 나는 네이버, 쿠팡, 당근마켓 등 어떤 플랫폼을 막론하고 마진'율'을 계산하지 않는다. 오직 마진 '금액', 그러니까 내가 물건 1개를 팔아서 얼마를 남길 수 있는가만 중요시한다. 이것도 이유는 동일하다. 즉각적이지 않기 때문이다.

마진율 50%짜리 대박 물건이 있다고 생각해 보자. 근데 상품 가격 자체가 1,000원이다. 50%라고 해 봤자 500원이다. 이것을 당근마켓에서 팔 수 있겠는가? 아무리 클릭당 비용이 낮게 잡혀도 고객 5명 이상에게는 보여 주지도 못한다.

나는 무조건 마진 금액으로만 상품을 선정한다. 보통 당근마켓에서는 마진 8,000원 이상, 그리고 요즘에는 좀 거만해져서 마진 1만 원 이하의 상품은 진행하지 않는다. 물론 구매 전환율이 좋은 제철 과일의 경우는 예외로 7,000원 이상이면 진행한다.

그러니 당근마켓에서 비즈니스를 진행하면서 반드시 알아야 하는 것은 몇 명당 1명 구매 전환이 되는가, 혹은 클릭당 비용이 얼마인가 정도이다. 이 심플한 시장을 굳이 어렵게 끌고 가지 말자. 실제로 오프라인 모임에서 어려운 용어로 말하는 사람들은 대체로 장사를 잘 못하는 사람들이었다.

그래도 다른 사람들이 사용할 때 무엇을 말하는지는 알아야 하니까 몇몇 광고 용어를 간단하게 정리해 보았다. 하지만 이 용어들은 여러분이 마케팅 모임이나 전문적인 용어를 써야 하는 곳이 있다면 참고하면 좋겠으나, 실제로 당근마켓에서 장사를 할 때는 크게 의미 있지 않다.

- **CPC(Cost Per Click / 클릭당 비용)** : 광고 1번 클릭할 때마다 내는 비용이다. 클릭당 얼마를 지불하는지에 대한 것이다. 예를 들어 500원이면 클릭당 500원이 된다.

- **CPM(Cost Per Mille / 1,000번 노출당 비용)** : 광고가 1,000번 노출될 때마다 지불하는 비용이다. 1,000번 보일 때마다 광고주가 얼마를 지불하는지를 나타낸다. 예를 들어 2,000원이면 1,000번 노출에 2,000원이 되는 것이다.

- **eCPM(effective Cost Per Mille / 실제 1,000번 노출당 수익)** : 광고주가 아니라 광고가 게재된 사이트나 앱의 운영자 입장에서 실제로 얼마나 수익을 올렸는지를 계산하는 것이다. 계산식은 $eCPM = ($총 수익 $\div$ 총 노출 수$) \times 1,000$ 이다. 이를 통해 실질적인 수익을 알 수 있다.

- **CPA(Cost Per Action / 행동당 비용)** : 광고를 본 후 사용자가 실제로 행동(구매, 가입 등)을 취했을 때 발생하는 비용이다. 예를 들어 쇼핑몰에서 회원가입 1건당 3,000원이 발생한다면 그 비용이 바로 CPA이다.

- **CPI(Cost Per Install / 앱 설치당 비용)** : 광고를 통해 앱을 1번 설치할

때마다 지불하는 비용이다. 이 용어는 주로 앱 설치를 유도하는 광고에
서 사용된다.

- **CTR(Click Through Rate / 클릭률) :** 광고를 본 사람들 중에서 실제로
클릭한 사람의 비율을 나타내는 지표이다. 계산식은 CTR = (클릭 수
÷ 노출 수) × 100 이다. 이 값을 통해 광고의 반응도를 알 수 있다.

- **ROAS(Return On Ad Spend / 광고 투자 대비 수익률) :** 광고에 투자한
비용에 비해 얼마만큼의 매출을 올렸는지를 나타내는 지표이다. 계산
식은 ROAS = (매출 ÷ 광고비) × 100 이다. 이를 통해 광고 효과를 파
악할 수 있다.

- **MOQ(Minimum Order Quantity / 최소 주문 수량) :** 공급자가 설정한
최소 주문 수량이다. 즉 제품을 주문할 때 반드시 이 수량 이상을 주문
해야 하는 조건을 의미한다. 예를 들어 한 상품에 대해 MOQ가 100개
라면 100개 이상 주문해야만 거래가 성사되는 것이다.


## 🥕 광고 최적화

사실 광고는 좋은 상품들을 알려 주고, 고객들에게 클릭을 많이 받고, 좋은
후기를 많이 받는 것이 전부이다. 우리가 하는 것은 장사이기에 광고를 잘
돌리는 것도 상품에 달려 있다. 내가 대한민국에서 내 상품에 한해서는 광
고를 가장 잘 돌린다고 자신하는 것도 이 때문이다. 결국 광고라는 건 내가
신중하게 선택한 상품을 고객들에게 매력적으로 보여 주면 성공이다.

그런데 광고는 여기서 끝이 아니다. 아니, 쉽다고 했으면서 또 뭔가 있단

말인가? 정말로 하나만 더 이해하면 된다. 딱 그것만 이해한다면 광고에서 어려운 것은 끝이다. 바로 광고 최적화이다.

광고 최적화라는 것은 사실 정말 별거 아니다. 누군가는 "광고 최적화는 없다. 미신이다."라고 말하고, 누군가는 광고 최적화를 너무 맹신하기도 한다. 명확하게 말하자면 광고 최적화라는 것은 있다. 가끔 네이버나 당근마켓에서 온라인으로 컨퍼런스 교육을 하는데, 거기에서 꼭 한 번씩은 언급하는 것이 최적화이다. 하지만 광고 최적화가 우리를 먹여 살리는 것은 아니다. 즉 너무 의존하면 안 된다.

먼저 광고 최적화라는 게 뭔지 알아보자.

판매자가 광고를 세팅할 때 다음과 같이 대충 설정했다.

**지역 :** 전국

**연령 :** 전 연령

**성별 :** 남녀

**시간대 :** 24시간

**클릭당 비용 :** 500원

실제로 이렇게 세팅하고 광고를 돌리는 수강생이 있다면 머리를 쥐어박고 싶다. 돈이 넘치는 기업도 이렇게 광고하지는 않을 것이다. 어찌 되었든 판매자가 돈이 넘쳐서 이렇게 광고를 돌렸다고 생각해 보자.

그럼 광고는 계속 로봇처럼 저 타깃에게만 노출되는 것일까? 전국에 있는 모든 남녀에게 24시간 동안? 그렇지 않다. 광고는 그렇게 멍청하지 않다. 아무리 저렇게 세팅했어도 광고는 스스로 학습한다. 예를 들어 위처럼 세팅되어 있어도 클릭과 그 안에서의 액션(채팅 혹은 구매 등)이 일어나는 타깃이 있다면 그 세팅으로 점점 바뀐다.

|  | 세팅 타깃 | 액션이 있는 타깃 | 광고 최적화 |
| --- | --- | --- | --- |
| 지역 | 전국 | 서울 | 서울 |
| 연령 | 전 연령 | 40대 | 40대 |
| 성별 | 남녀 | 여자 | 여자 |
| 시간대 | 24시간 | 오전 | 오전 |

아무리 내가 첫 번째처럼 세팅을 해도 중간 타깃처럼 액션이 나온다면 광고는 스스로 학습해서 마지막 세 번째처럼 변해 간다. 이것이 바로 '광고 최적화'이다. 스스로 학습한다는 건 단순하게 지역, 연령, 성별처럼 우리가 설정하는 것뿐만 아니라 고객들의 패턴과 관심사를 스스로 학습해서 액션이 많이 일어나는 고객과 비슷한 타깃들을 찾아 나선다. 그래서 광고 최적화는 광고에서 필수이다.

광고 최적화를 위해 보통 2주 정도 지켜본다고 하지만, 당근마켓 온라인 세미나에서 공식적으로 2~3일까지 지켜보는 것이 좋다고 말한 적이 있다. 실제로 당근마켓에서 광고를 돌리다 보면 2일 정도면 타깃을 잘 찾았다는 생각이 든다. 그러니 2주 정도 지켜본다고 해도 2~3일이면 이 광고가 잘 세팅된 건지 아닌지 알 수 있다.

그럼 어떻게 해야 광고 최적화를 빠르게 할 수 있을까? 바로 아무것도 안 건드리면 된다. 예를 들어 '참외' 광고를 한다고 생각해 보자. 참외의 타깃을 분석해 보면 다음과 같다.

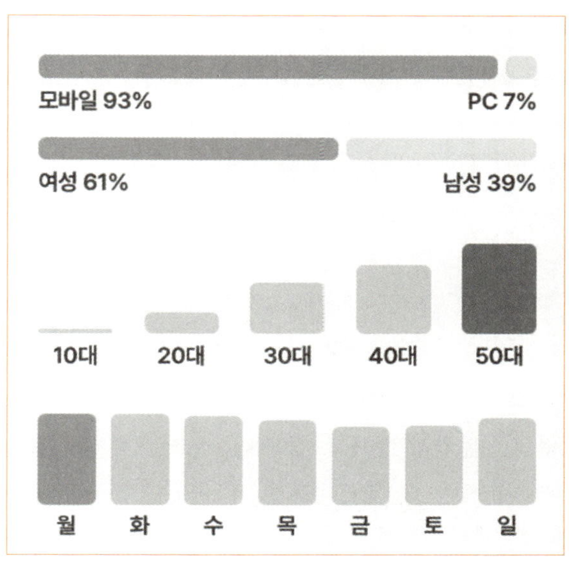



⋯▸ 키워드 '참외'의 연령대와 성별 요약 화면

50대 여성이 압도적이다. 그렇다면 내가 분석할 수 있는 수치인 50대 여성으로 광고를 세팅한다. 세팅을 했다면 아주 중요한 것을 지켜야 한다. 바로 '건드리지 않는 것'이다. 광고가 세팅될 때 가장 좋지 않은 행동이 광고가 최적화될 틈 없이 계속 건드리는 것이다. 광고는 말 그대로 학습이 필요하다. 광고 스스로 학습할 시간을 줘야 한다.

실제로 광고를 켜 보면 오전에 올렸는데 그날 저녁부터 원활하게 운영되는 상황을 많이 본다. 그럴 때 광고를 꼭 건드려 보는 경우가 많은데 좋은 행동이 아니다. 내가 타깃을 맞게 설정했다면 반드시 광고 최적화가 되는 기간 동안 지켜봐야 한다.

여기서 지켜보라는 것은 광고를 수정하지 말라는 뜻이다. 하지만 만약 내가 손해를 보고 있다면? 광고비 예산을 30만 원으로 해 놨는데 클릭은 많이 받았지만 구매 전환이 전혀 안 되어서 손해를 보고 있다면? 그때는 광고를 꺼야 한다. 기다릴 필요가 없다. 우리가 하는 것은 장사다. 결국 돈 벌려고 하는 것인데 손해를 봐서 되겠는가? 나는 2~5만 원 손해를 보는 게 느껴지면 광고를 바로 끈다.

그런데 광고 최적화를 맹신하는 수강생들을 종종 본다. 내가 강의에서 손해 보는 광고는 하지 말라고 계속 강조하는데도 이상한 정보를 듣고 와서 이렇게 말한다.

"지금은 몇십만 원씩 손해 봐도 나중에는 손익분기점을 넘길 거예요."

하루에 몇십만 원씩 손해? 그렇게 해서 광고 테스트를 한다고? 나도 그렇게는 못 버틴다. 나도 톱 셀러 중 한 명이고, 몇십 명의 톱 셀러를 키워 냈는데 하루에 몇 십만 원씩 손해 보면서는 못 버틴다. 제발 그런 생각은 버려라. 광고 최적화는 마법의 주문이 아니다.

광고 최적화든 뭐든 우리는 장사를 하는 것이기 때문에 손해를 본다면 반드시 광고를 꺼야 한다. 사실 마법 같은 광고 최적화라면 광고를 끌 필요가 없다. 손해를 좀 보더라도 계속 켜 두면 나중에 광고 최적화가 되어서 언젠가는 수익 구간으로 변하지 않겠는가? 여기에 다음 2가지 오류가 있다.

**→ 첫째 오류 : 구매 전환은 광고가 시키는 것이 아니다.**

몇십만 원씩 손해를 보면서 버틴다는 것은 말이 안 된다. 같은 이유로 나는 손해 보는 금액을 2만 원으로 정해 놓았다. 클릭을 많이 받으면서 광고비가 나간다는 것은 이미 2단계인 노출을 통과했거나, 적어도 내 광고를 고객들에게 많이 노출시켰다는 뜻이다. 그러나 손해를 보고 있다면 그건 노출의 문제가 아니라 3단계인 구매 전환의 문제이다. 이해가 되는가?

손해를 보면 바로 멈추고 구매 전환어 영향을 미칠 수 있는 것을 수정한 뒤 다시 돌려야 한다. 앞서 온라인 장사에서는 잘 나누는 사람이 승리한다고 했는데, 바로 여기서 잘 나누는 것이 의미 있게 된다. 클릭은 받지만 안 팔리는 상황인데 바보같이 광고 최적화를 기다린다고 그대로 둔다면(3단계가 문제인데 2단계에 머물러 있다면) 장사를 너무 쉽게 보는 것이다.

### → 둘째 오류 : 광고 최적화는 기적적인 효과를 내지 않는다.

몇십만 원씩 손해를 보면서 버티는 이유는 광고 최적화의 효과를 너무 과대평가해서이다. 보통 저런 사람들의 변명을 보면, 현재는 100:1로 100명 클릭당 1명 구매 정도라서 손해가 나지만 광고 최적화가 되면 30~40:1로 확 줄어들어서 수익이 날 거라는 것이다.

광고 최적화가 되면 구매 전환이 점점 좋아진다는 것은 틀린 말이 아니다. 왜냐하면 타깃이 점점 날카로워지기 때문이다. 그래서 잘 도는 광고는 오래 켜 둘수록 클릭당 비용도 줄어들고 구매 전환율도 올라간다.

하지만 구매 전환의 효과를 너무 기대하면 안 된다. 100:1에서 갑자기 30:1로 변한다고? 그런 일은 아쉽지만 발생하지 않는다. 아무리 광고 최적화가 잘되어도 50:1이었던 광고가 40:1로 변하는 정도의 효과를 기대하는 것이 현실적이다. 마법이 아니기 때문이다.

광고 최적화는 부가적인 것이다. 처음에 내가 의도적으로 세팅해서 수익이 나던 것이 광고 최적화를 통해 더 수익이 나는 것이지, 수익이 나지 않던 것이 광고 최적화를 통해 갑자기 수익이 나는 것은 아니다.

# 간편모드 vs 전문가모드
# 광고 운영법

 ## 간편모드와 전문가모드의 차이

당근마켓에는 간편모드와 전문가모드가 있다. 개설하는 법은 아주 간단하다. 정상적으로 당근비즈니스에 가입했다면 메인 화면 오른쪽에 다음과 같은 화면이 나온다.

⋯▸ 당근비즈니스 첫 화면에 나오는 광고 모드 선택 화면

여기서 오른쪽 상단의 새 광고계정을 통해 광고계정을 만들 수 있다.

기본적으로 왼쪽의 간편모드, 오른쪽의 전문가모드가 있다. 간혹 간편모드는 초보자들, 전문가모드는 전문가 혹은 마케터들이 쓰는 것이라고 말하는 사람들이 있는데 그건 틀린 말이다. 납작복숭아로 아파트를 샀다고 말할 정도로 납작복숭아를 많이 팔았는데 그 당시에 나는 간편모드만 사용했고, 내 수강생들 중 성공 사례로 인터뷰를 한 2명은 아직도 간편모드만 사용한다. 물론 지금의 나는 전문가모드를 더 추천하지만, 간편모드는 틀렸고 전문가모드가 맞다는 것은 정말 당근비즈니스를 모르고 하는 말이다.

간편모드와 전문가모드를 비교하는 글을 쓰거나 영상을 올리고 나면 항상 후회한다. 왜냐하면 당근마켓은 아직도 업데이트를 꾸준히 해서 내용이

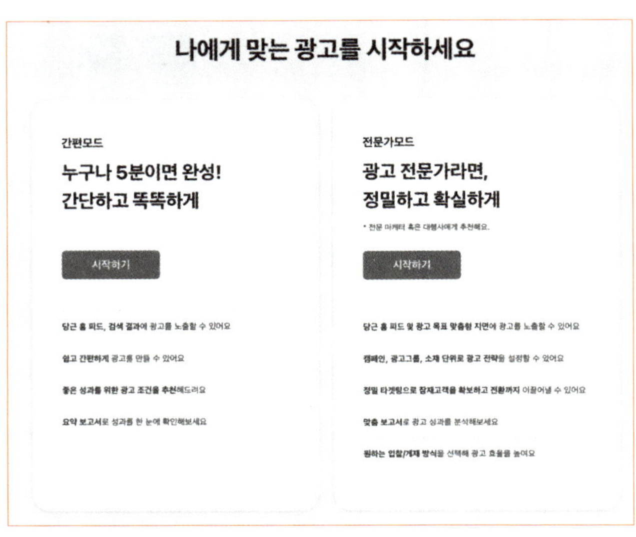


⋯→ 당근비즈니스 광고 만들기 선택 시 화면

바뀌기 때문이다. 당근마켓은 아직 네이버 스마트스토어나 쿠팡처럼 정착된 무언가가 아니라 변화가 잦은 플랫폼이다.

현재 시점에서 간편모드와 전문가모드를 비교하면 다음과 같다.

| | 간편모드 | 전문가모드 |
| --- | --- | --- |
| 검색광고 | 가능 | 불가능 |
| 동영상 광고 | 불가능 | 가능 |
| 사업자등록증 | 불필요 | 필요 |
| 맞춤보고서 | X | O |
| 요약보고서 | O | X |
| 클릭당 비용 설정 방식 | 자동 | 입찰 |

이렇게 큰 차이만 정리했는데 광고를 세팅하는 방식은 거의 비슷하다고 보면 된다. 간편모드와 전문가모드를 개설하는 방법을 하나씩 알아보자.

### → 첫째, 간편모드 계정 만드는 방법

간편모드 개설은 아주 간단하다. 옆 페이지 상단 이미지에서 간편모드 쪽의 '시작하기' 버튼을 누르면 아래처럼 광고계정 이름을 정할 수 있다. 간

···→ 당근비즈니스 '간편모드' 계정 이름 제작 화면

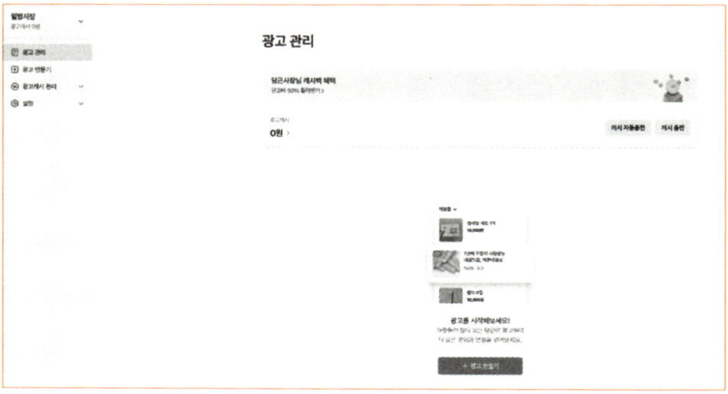

···→ 당근비즈니스 '간편모드' 제작 후 첫 화면

편모드는 사업자등록증이 필요 없기 때문에 이름만 넣어 주면 별다른 절차 없이 통과된다.

### → 둘째, 전문가모드 광고 계정 만드는 법

전문가모드는 광고계정 이름과 사업자등록번호를 요구한다. 광고계정 이름은 꼭 사업자등록증 이름과 같을 필요는 없으며 전문가모드 계정 하나에 여러 가지 비즈프로필 광고를 동시에 돌릴 수 있다. 그래서 여러분이 여러 비즈프로필을 가지고 있더라도 전문가모드는 한 번만 등록하면 된다.



··→ 당근비즈니스 '전문가모드' 계정 이름 제작 화면

광고계정 이름과 사업자등록번호를 입력하고 나면 옆 페이지와 같은 정보가 나온다. 종사업장 번호란 한 사업자가 여러 장소에서 사업을 하는 경우를 의미한다. 반드시 입력해야 하는 것은 아니고 이미 본인이 종사업장 번호를 가지고 있는 경우라면 알고 있을 테니 그런 경우에만 입력하면 된다.

당연히 상호명부터 사업장 소재지까지는 사업자등록증에 있는 내용을

그대로 넣으면 된다.

## 광고계정 정보를 등록해주세요.

**①** 광고주 사업자정보를 입력해주세요.

광고주 사업자등록번호

| 325-21-00961 | 10/10 |

종사업장 번호 (선택)

| 종사업장 번호가 있다면 입력해주세요. | 0/4 |

사업자 단위 과세업자로 신청 시, 국세청에서 부여하는 코드로 해당되는 분만 입력해주세요.

상호명

| 상호명을 입력해주세요. | 0/50 |

대표자 이름

| 대표자 이름을 입력해주세요. | 0/50 |

업태

| 업태를 입력해주세요. | 0/50 |

종목

| 종목을 입력해주세요. | 0/50 |

사업장 소재지

| 주소를 검색해주세요. | Q |

⋯▶ 당근비즈니스 '전문가모드' 제작 시 정보 입력 화면

이제 다음 화면에 나오는 내용도 입력해 주면 된다. 종합소득세나 부가가치세 납부와 연관이 되니 지금 입력한 사업자 정보가 세금계산서를 발행 받을 사업자 정보와 같다면 '광고주 사업자정보와 같아요'를 눌러 주고, 다르다면 '광고주 사업자정보와 달라요'를 눌러 주면 된다.

심사서류 제출은 사업자등록증을 제출하라는 것이 아니라 본인 업종에 맞는 영업허가증 및 등록증 자료를 제출하라는 뜻이다. 나처럼 온라인 판매

를 하는 사람은 '통신판매업'을 제출하면 되고, 영업허가증이 필요한 업체를
운영 중이라면 이미 가지고 있는 서류를 제출하면 된다.

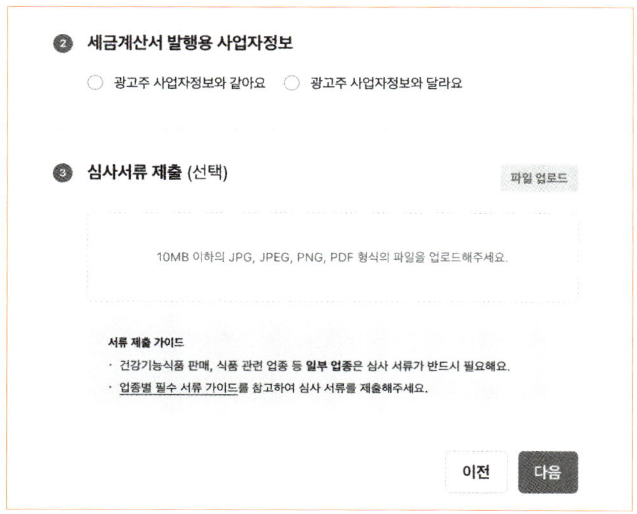



⋯▸ 당근비즈니스 '전문가모드' 서류 제출 화면

한 가지만 추가하자면 '과외'업을 하는 사람들은 반드시 학원 설립 서류
나 학생증 혹은 개인과외교습자신고증 등이 필요하다. 이 책에서는 자주 언
급하지 않지만 내 수강생 중에는 영어모임을 당근마켓으로 만들어서 성공
한 사람이 2명이나 있다. 영어 강사를 오래 했던 분들이라 특별한 서류 없
이 이곳저곳에서 강의를 많이 해 왔기에 아무런 서류를 준비하지 않았는데
당근마켓에서 갑자기 서류를 요구해서 당황했던 기억이 있다.

**⋯ 당근비즈니스 '전문가모드' 제작 후 첫 화면**

서류까지 잘 전달하면 위 화면처럼 나오고 정상적으로 당근마켓 전문가 모드 광고를 집행할 수 있게 된다.

## 🥕 어떤 광고를 어떻게 해야 할까?

이제 간편모드와 전문가모드 광고를 집행하는 방법을 알아보자. 당근마켓에서는 간편모드든 전문가모드든 집행 방법이 정말 단순하다.

### → 간편모드

간편모드 광고계정을 정상적으로 만들었다면 화면 왼쪽에 다음과 같은 메뉴가 나온다. 여기서 광고 관리를 누르면 현재 운영 중인 광고들을 볼 수 있다. 우리는 지금 광고가 없으니 '광고 만들기'를 눌러 보자.

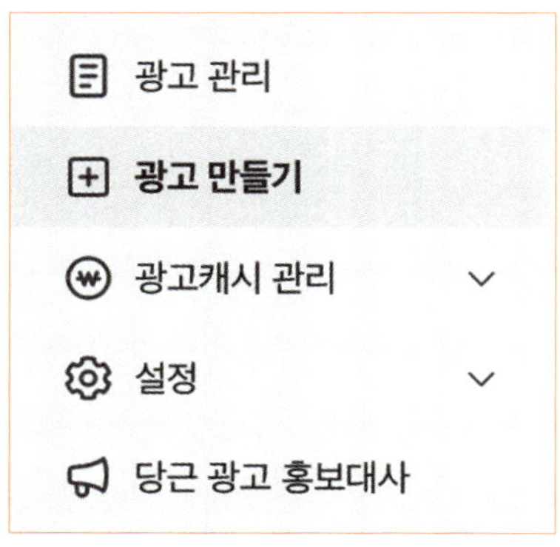



···▸ 당근비즈니스 '간편모드'의 메뉴 화면

···▸ 당근비즈니스 '간편모드' 광고 제작 선택 화면

여기에는 피드광고와 검색광고가 있다. 현재 당근마켓의 '검색광고'는 간편모드에서만 집행할 수 있다. 그러니 검색광고가 필수인 오프라인 업체들은 필연적으로 '간편모드'를 집행하게 된다. 하지만 오프라인 업체들도 '피드광고' 자체는 간편모드가 아닌 전문가모드로 해 보는 것을 추천한다.

그 이유는 간편모드와 전문가모드의 차이를 설명할 때 차차 이야기하겠다. 우선 기본적으로 피드광고를 먼저 집행해 보자.

이렇게 여러분이 만든 비즈프로필이 나온다. 나의 경우 프로필이 여러 가지 있는데 운영하는 비즈프로필이 많기 때문이고, 여러분은 하나가 나오고 맨 하단에 웹사이트가 나올 것이다. 당연히 여러분의 비즈프로필을 홍보할 것이기 때문에 여러분의 비즈프로필 이름을 누르면 된다.

다른 메뉴를 설명하자면 맨 하단의 웹사이트는 여러분의 기존 플랫폼을 홍보할 때 사용한다. 즉 네이버나 쿠팡 혹은 여러분의 자사 몰을 홍보할 때 사용하면 된다. 나는 여러 가지 이유로 웹사이트를 연결하는 것은 추천하지 않는다. 이제 여러분의 비즈프로필을 선택하여 진행해 보자.

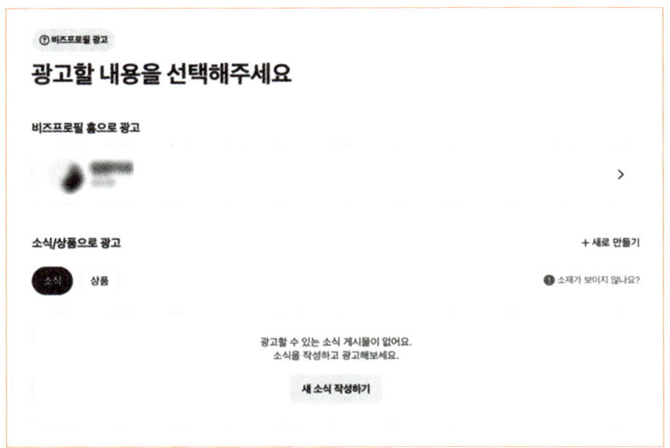



···› 당근비즈니스 '간편모드' 광고 소재 선택 화면

이렇게 '광고할 수 있는 소식 게시물이 없어요.' 라고 나오는데 다음 장에서 배우게 될 소식을 제작한다면 여러분의 소식이 보일 것이다. 그 소식을 누르고 넘어가면 된다. 그리고 검정색으로 체크되어 있는 '소식' 버튼 옆에 '상품'이라는 버튼이 보인다.

당근마켓 '간편모드'의 '피드광고'에는 3가지 홍보 수단이 있다. 기본적으로 소식을 홍보할 수 있는데, 상단의 '비즈프로필 홈으로 광고'는 사실 거의 사용할 일이 없다. 왜냐하면 광고를 클릭했을 때 홍보페이지, 흔히 말하는 상세페이지가 아니라 내 비즈프로필 메인으로 연결되기 때문이다. 그리고 등록된 상품도 홍보할 수 있다. 여러 번 말하는데 당근마켓에서는 상품보다 소식 홍보가 잘 먹히기에 소식을 홍보하더라도 상품 등록은 해 놓는 것이 좋다.

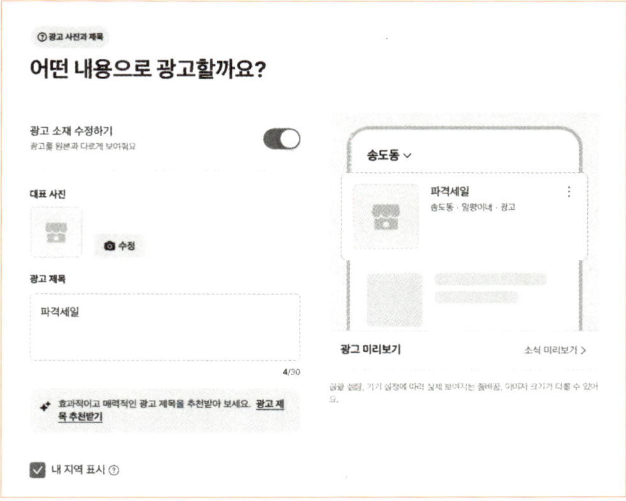

··· **당근비즈니스 ‘간편모드’ 광고 이름과 대표 사진 선택 화면**

소식을 작성하여 간편모드를 진행하면 위의 같은 화면이 나온다. 대표 사진과 광고 제목이 나오는데 이것이 앞서 말한 후킹이 된다. 이것은 소식을 작성할 때 입력한 제목과 이미지를 사용할 수도 있지만, 왼쪽 상단의 ‘광고 소재 수정하기’를 누르면 나오는 화면에서도 바꿀 수 있다.

작은 팁을 알려 주자면, 이 화면에서 광고 제목을 바꾸면 30자 이내로 끝내야 하는데 소식 글을 작성할 때 제목을 바꾸면 그것보다 더 길게 작성할 수 있다. 그런데 나는 30자 이내로 끝내는 걸 추천한다. 어차피 제목이 길어도 잘리기 때문이다. 30자 이내가 글이 잘리지 않는 길이이다.

하단의 ‘내 지역 표시’ 탭을 누르면 나의 동네가 표시된다. 만약 여러분이 오프라인 업종이고 동네를 강조하는 게 장점이라고 생각한다면 동네를 표시하고, 나처럼 온라인 셀러라면 어떤 동네이냐에 따라 굳이 표시하지 않는 것이 나을 수도 있다.

다음으로 넘어가면 아래처럼 내 광고가 노출될 지역을 설정할 수 있다. 누차 이야기하는 것처럼 당근마켓 광고는 지역 설정이 가장 큰 장점이다. 동네를 직접 검색하며 설정할 수 있다. 만약 지역 전부를 한 번에 설정하고 싶다면 '서울시', '인천' 이렇게 큰 단위로 검색해서 선택할 수도 있다.



⇢ **당근비즈니스 '간편모드' 광고 지역 선택 화면**

'직접 선택'이 아닌 '주변 범위'를 누르면 내 광고가 표시될 지역을 쉽게 설정할 수 있다. 걸어서 갈 수 있는 거리, 자전거를 타고 갈 수 있는 거리, 차를 타고 갈 수 있는 거리를 아이콘으로 보여 준다. 오프라인 업종을 운영하거나 에어컨 청소, 소파 청소 등 서비스를 운영하는 사람들도 참고하면 좋을 듯하다.

···→ **당근비즈니스 '간편모드' 광고 지역 자동 선택 화면**

다음으로 넘어가면 아래처럼 최종 정리하는 듯한 화면이 나온다. 여기서 꼭 설정해 줘야 하는 것이 있다. 바로 마지막 화면인 '성별 및 연령'이다.

···→ **당근비즈니스 '간편모드' 세부 선택 화면**

이곳에서 내가 정한 타깃을 입력해 주어야 한다. 앞에서 본 것처럼 판다랭크에서 타깃을 정한 다음 이곳에서 넣어 주거나 여러분이 나름대로 테스트해 볼 타깃을 넣어 주면 된다.

···▶ 당근비즈니스 '간편모드' 성별 및 연령 선택 화면



···▶ 당근비즈니스 '간편모드' 광고 예산과 일정 선택 화면

마지막으로는 예산과 광고 기한을 설정할 수 있다. 거듭 말하지만 예산은 본인이 컨트롤할 수 있는 범위 안에서 진행해야 한다. 간편모드와 전문가모드의 차이 중 하나가 예산으로 설정한 금액의 광고계정 충전 여부이다. 간편모드의 경우는 만약 100만 원을 예산으로 정해 놨다면 반드시 당근

마켓 계정에 100만 원이 충전되어 있어야 한다. 하지만 전문가모드의 경우는 그 금액이 충전되어 있지 않아도 집행이 가능하다. 간편모드에서는 최저 금액이 5,000원이다. 여러분이 감당할 수 있는 금액을 설정하고 일정을 정한 뒤에 넘어가자. 나의 경우 광고금액은 1만 원으로 시작해서 높여 가는 편이다.

일정은 어차피 매일 체크할 것이라 '종료일 없이 계속 광고하기'를 누른다. 그리고 아래의 '광고 만들기'를 누르면 끝이다.

이제부터는 간편모드에서 '피드광고'가 아닌 '검색광고'를 집행하는 방법을 알아보자.

동일하게 간편모드 광고 만들기에서 '검색광고'를 선택해 준다.

⋯⟩ 당근비즈니스 '간편모드' 광고 제작 선택 화면

여기서부터는 동일하다. 앞에서 말한 것처럼 '비즈프로필 홈으로 광고'는 내 비즈프로필 메인에 연결되기 때문어 의미가 없다. 아래 '소식으로 광고'에서 내가 작성한 소식을 눌러 주자.

그러면 다음과 같이 '피드광고'와 거의 비슷한 화면이 나온다. 다른 것이 있다면 아래 '소개 문구'와 '비즈프로필 별점 표시'가 있다. 우선 소개 문구는 메인 후킹 제목 외에 부가적으로 길게 작성할 수 있는 부분이다. 검색광고를 진행한다면 이 문구 또한 후킹이라고 생각하고 여러분의 매력을 자세히 넣어 주자.

'비즈프로필 별점 표시'란 이름에서 알 수 있는 것처럼 내 비즈프로필의 고객들이 남긴 별점을 표시하는 것이다. 당근마켓은 특이하게 소식이나 상품에 별점이 아닌 비즈프로필 자체에 평점을 매길 수 있다. 다른 플랫폼에 비해 하나의 평점만 신경 쓰면 되니 관리하기가 무척 쉽다. 하지만 너무 5점 만점만 유지하려는 것은 추천하지 않는다. 고객들 입장에서는 4점 이상만 되어도 높은 점수이니 지나치게 5점을 유지하려고 민감하게 운영하지 않았으면 좋겠다.

··➔ 당근비즈니스 '간편모드' 광고 소재 선택 화면



··➔ 당근비즈니스 '간편모드' 광고 지역 선택 화면

똑같이 지역과 주변 범위가 나온다. 하지만 연령대와 성별은 설정할 수 없다. 그런데 사실 검색광고는 검색하는 모든 사람이 내 타깃이기 때문에 구분하는 의미가 없다. 이 페이지에서는 '피드광고'처럼 똑같이 지역을 설정해 주고 넘어간다.

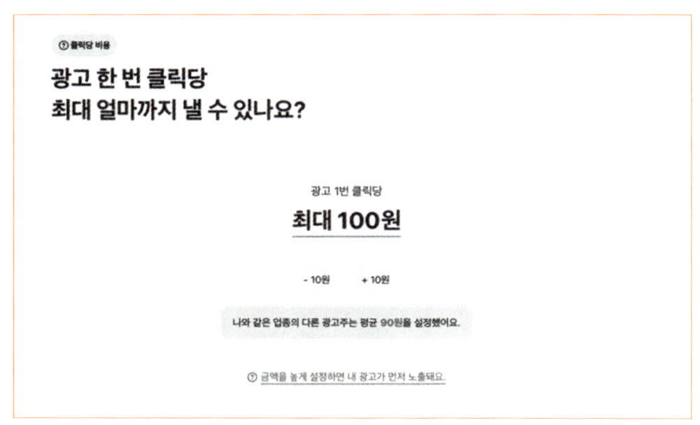



···› 당근비즈니스 '간편모드' 검색광고 입찰가 선택 화면

다음 화면에서는 클릭당 비용을 설정할 수 있다. 피드광고의 경우 여러분의 물건에 따라서 추천 금액이 다를 것이다. 만약 여러분의 물건이 당근마켓에서 정말 핫한 아이템이라면 500원에서 1,000원 이렇게 높게 나올 수도 있다. 나는 그렇다면 오히려 속으로 '아싸'를 외쳤으면 한다. 당근마켓 검색광고에서 클릭당 비용이 높게 나온다는 것은 검색이 많은 물건이라는 뜻이고 아마 오프라인 업종에 해당할 것이다.

높은 확률로 '이삿짐', '에어컨 청소', '매트리스 청소' 등일 텐데 검색광고는 구매 전환율이 굉장히 높은 편이다. 특히 당근마켓에서는 지역적인 이점 때문에 더더욱 그렇다.

그러니 여러분이 홍보 페이지를 정말 끝내주게 만들었다면 과감하게 추천 금액보다 살짝 높게 진행했으면 한다. 하지만 여러분의 마진이 그렇게 높지 않다면 당연히 마진이 허락하는 선에서 금액을 설정하는 게 좋다.

검색광고에서 클릭당 비용의 계산은 경쟁이다. 나의 경쟁자가 200원을 했는데 내가 300원을 베팅했다면 내 광고가 경쟁자의 광고보다 위에 선다는 뜻이다. 하지만 실제로 300원이 나가지는 않는다. 만약 경쟁자가 정말 200원이고 내가 300원을 베팅했다면 경쟁자보다 10원 높은 금액인 210원이 지출된다.

그러면 1,000원, 10,000원 해 놓으면 되는 것 아닌가? 그렇지는 않다. 이건 시장을 파괴하는 행위이다. 만약 남들이 다 100원인데 나 혼자 1,000원을 베팅했다고 생각해 보자. 그럼 기본적으로 110원이 클릭당 비용으로 지출된다. 그런데 누군가가 2,000원을 베팅했다고 생각해 보자. 그러면 2,000원을 베팅한 입장에서는 의미 없이 클릭당 비용이 1,010원이 되어 버리고, 내 입장에서도 1,000원이 되어 버리게 된다. 100원이면 충분히 잡을 수 있는 광고를 말이다.

그러니 의미 없이 높게 베팅하는 것이 아니라 본인 마진에서 광고비로 쓸 수 있는 금액을 계산한 후에 클릭당 비용을 정하여 입력하자.

다음 화면도 '피드광고'와 비슷한데 '검색광고'의 경우 피드광고처럼 기민하게 체크할 필요는 없으니 '종료일 없이 계속 광고하기'를 체크한 후에 구매 전환율만 추적하자.

⋯ 당근비즈니스 '간편모드' 광고 예산과 일정 선택 화면

→ **전문가모드**

간편모드, 전문가모드로 나뉘어져 있는 것도 특이하지만 전문가모드도 타 업체들에 비해 그렇게 어렵지 않다. 게다가 인터페이스까지 훌륭해서 초보자가 진행하기에 편하다. 이렇게 간편모드와 전문가모드로 나뉘어져 있고, 인터페이스가 편리하다는 점에서 당근마켓이 광고 업체나 기존 대형 셀러들이 아니라 실제 오프라인 업체를 운영하는 자영업자들에게 얼마나 진심인지 알 수 있다.

전문가모드를 정상적으로 가입했다면 다음과 같은 화면을 볼 수 있다. 물론 아직 여러분은 저런 수치나 금액이 없거나 적게 나오겠지만 화면 구성은 똑같다. 이제 광고 제작을 위해 '광고 만들기'를 누를 것이다. '광고 만들기'를 제외하고 자주 들어가게 될 메뉴는 '광고캐시'가 있다. '보고서'도 자주 보게 되겠지만 저렇게 메뉴를 클릭해서가 아니라 '광고 관리'에서 들어가게 된다.

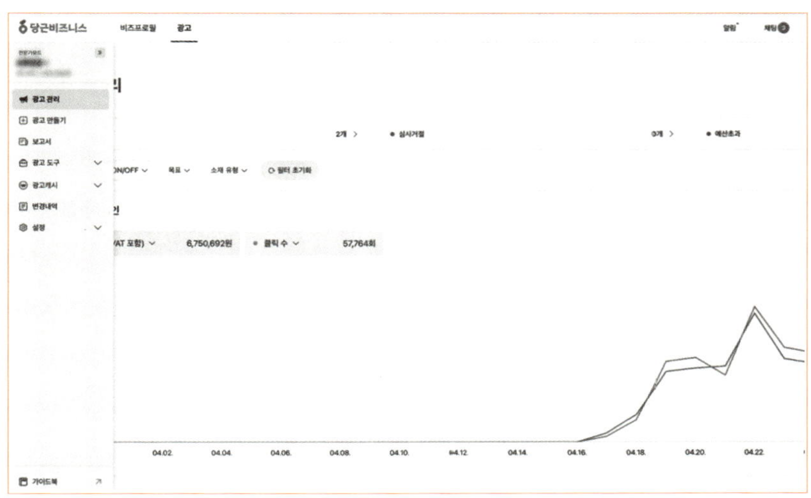



··→ **당근비즈니스 '전문가모드' 선택 시 화면**

'광고 도구'는 자주 볼 것 같지만 아직은 당근마켓에서 저 메뉴를 활용할 일은 많이 없기 때문에 이 책에서는 그것에 관한 설명은 생략하겠다. 사실 도구 부분은 카탈로그를 제작하거나 추적 '칩'을 다는 경우에 할 수 있는데 이 메뉴로 들어가서 설정할 정도면 이미 중급자 이상일 것이다.

여러분이 기본적으로 알고 있어야 하는 것은 캠페인 안에 광고그룹이 있다는 것이다. 그러니까 캠페인이 더 큰 범의이고, 그 안에 광고그룹이 있다. 하지만 이 부분은 자동으로 배치되니 굳이 어렵게 이해하지 않아도 진행하면서 자연스럽게 이해가 될 것이다.

지금은 광고를 제작하는 것만 보도록 하자. '캠페인 목표'에서 많은 것을 선택할 수 있는데, 두 번째 '비즈프로필 알리기'를 누르면 된다. 이게 용어가 굉장히 헷갈린다. 간편모드처럼 '피드광고' 이렇게 나오면 쉬울 텐데 전문가

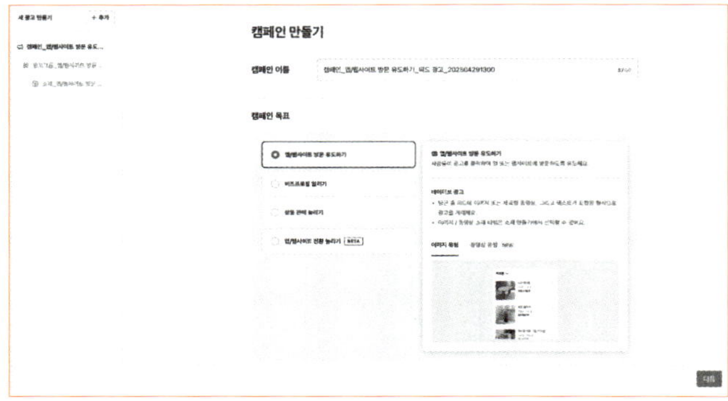



··· 당근비즈니스 '전문가모드' 광고 만들기 선택 시 화면

모드는 카테고리를 좀 더 넓게 분류해 놓았다.

추적 코드는 연동하지 않는 것을 선택하면 된다. 추적 코드를 사용할 정도면 이미 중급자 이상이기에 여기에서는 추적 코드에 대해서는 생략하겠다.

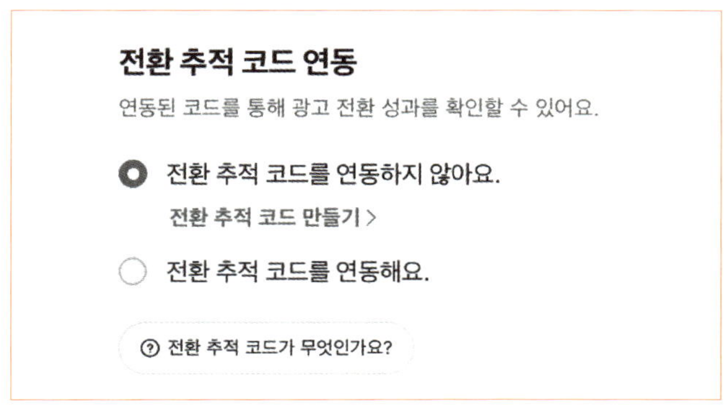



··· 당근비즈니스 '전문가모드' 광고 만들기에서 추적 코드 연동 여부 화면

→ 당근비즈니스 '전문가모드'의 비즈프로필 알리기 선택 화면

당근마켓은 인터페이스가 정말 친절하다. 이번 단계에서 타깃을 설정하면 오른쪽에 '타깃 규모가 광범위해요'처럼 내가 타깃을 잘 설정하고 있는지 보여 준다. 하지만 이 정보는 모두에게 보여 주는 것이니 나만 가지고 있는 독점적인 정보라고 보긴 어렵다. 하지만 내가 타깃을 너무 좁게 잡은 것은 아닌지, 혹은 너무 넓게 잡은 것은 아닌지 확인하는 도구로서 사용하자.

맨 위의 광고그룹 이름은 한마디로 말해 내 광고의 이름이다. 광고는 보기 편한 게 가장 중요하다. 그래서 나는 내가 설정한 이름을 써 넣는다. '여성/40~55세/인천경기' 이렇게 말이다.

오디언스 타깃은 결국 광고를 보게 될 고객들을 말하는데 나와 있는 대로 설정하면 된다. 지역, 성별, 연령 등 별다를 것 없이 내가 목표로 하는 타깃으로 설정하면 된다. 그중 몇 가지를 짚어 보자.

‘맞춤 타깃’은 기존에 잘 돌았던 광고나 내 상품의 타깃이 어느 정도 정해져 있다면 타깃을 저장해 둘 수 있는데, 그 저장한 타깃을 불러오는 것이다. 그리고 모바일 OS를 설정할 수 있는데 우리나라에서는 결국 삼성이냐 아이폰이냐를 선택하는 것이다. 나는 이것을 나눴을 때 한 번도 유의미한 결과를 본 적이 없다. 그래서 ‘모든 모바일 OS’를 한다.

관심사도 설정할 수 있다. 당근마켓은 사용자의 관심사를 확실하게 알고 있는 편이다. 이 사람이 유아용품을 많이 검색하는지 혹은 차량용품을 좋아하는지 등을 말이다. 그래서 다음과 같이 설정할 수 있다.

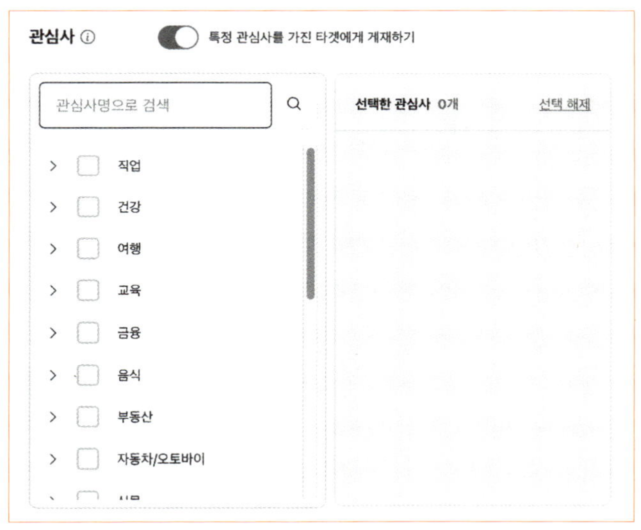


··· 당근비즈니스 ‘전문가모드’ 관심사 설정 화면

관심사 설정은 본인 물건의 콘셉트가 명확할 경우에는 확실히 도움이 된다. 하지만 나는 온라인 셀러인데다 식품의 경우 디테일하게 설정하기 어려워 관심사 설정을 하지 않는다. 이전에 설정했을 때 그다지 효과가 있었다고 느낄 만큼 좋은 수치를 만들어 낸 적도 없었다.

아래로 내리면 '예산 및 일정'을 볼 수 있다. '일일 예산'은 하루에 얼마의 금액을 사용할지, '총예산'은 일정과 관계없이 총 얼마의 광고비를 이 단일 광고에 사용할지를 정하는 것이다. 최저금액은 현재 1만 원이다. 나의 경우 광고 초반 테스트를 할 때는 4~5만 원 이상을 넣지 않고 광고가 정착한 이후에 최대한 늘리는 편이다.

'입찰방식'에는 '수동입찰'과 '자동입찰'이 있다. 전문가모드의 CPC 설정 방식은 성과를 반영한 베팅 형식이다. 그러니까 기본적으로 내가 앞서 말한 클릭을 많이 하고 인기가 좋을수록 낮은 CPC를 받는 것은 동일하나 베팅 금액을 의도적으로 올려서 다른 광고보다 더 좋은 장소에 배치시키는 것도

⋯⋯ 당근비즈니스 '전문가모드' 예산 및 일정 선택 화면

가능하다. 이 개념을 활용하고자 '자동입찰'이라는 것도 존재하는데 금액이 말도 안 되게 높게 측정된다. 사실상 자동입찰을 하는 것은 당근마켓의 장점을 거의 활용하지 못하는 것이기 때문에 나는 사용하지 않는다.

그런데 이상한 점이 있다. '입찰가'라는 글자 옆에 'CPC'가 있는데 정확한 표현이 아니다. CPC는 Cost per Click의 줄임말로 클릭당 비용이라는 뜻으로 입찰가와는 의미가 전혀 다르다. 'CPC 베팅 금액' 혹은 'CPC 입찰 금액'이 더 정확한 표현이다.

아무튼 이 CPC가 200원, 300원을 넘어가면 사실상 장사하는 입장에서는 판매가 거의 불가능하다고 보면 된다. 50명당 1명이 구매를 해도 300원의 경우 15,000원을 소진해야 한다. 그런데 일반 자영업자들이 마진 15,000원 남는 물건을 어떻게 가지고 있겠는가? 그러니까 우리의 역할은 광고를 잘 만들어서 100~150원의 광고비를 세팅하는 게 중요하다.



┈▶ 당근비즈니스 '전문가모드' 광고 기간 설정 화면

‘일정’을 보면 시작일과 종료일을 설정할 수 있는데 자유롭게 설정하면 된다. 간편모드에서 말한 것처럼 나는 광고를 켜기 시작하면 껐다 켰다를 반복하며 섬세하게 광고를 관리하기 때문에 따로 종료일은 설정하지 않는 편이다.

‘상세 일정’은 전문가모드의 특징으로 시간대를 설정하는 것이다. 예를 들어 내 고객들은 일찍 자는 편이라고 생각된다면 저녁부터 새벽에는 정지하고, 낮에는 고객들이 활동을 별로 하지 않는다고 생각된다면 ‘모든 시간에 광고 게재하기’ 박스를 체크 해제한 후에 원하는 시간대를 설정하면 된다.

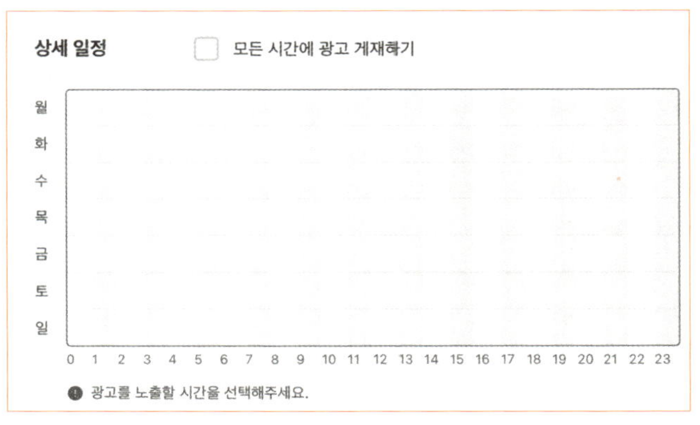


··· 당근비즈니스 ‘전문가모드’ 광고 시간대 설정 화면

광고를 게재하는 방법에는 일반 게재와 빠른 게재 2가지 방식이 있다. 빠른 게재는 광고비를 최대한 균등하게 나눠 쓰는 방식이며, 말 그대로 광고 총액은 신경 쓰지 않고 노출이 되기 시작하면 최대한 빠르고 많은 타깃에게 노출된다. 요즘에는 빠른 게재도 그렇게 빠르지 않아서, 나는 처음에는 빠른 게재로 설정했다가 광고가 안정되면 일반 게재로 바꾸는 편이다.

**⋯ 당근비즈니스 '전문가모드' 광고 소재 선택 화면**

이렇게 타깃을 설정하면 최종 광고를 집행할 소재가 나온다. 그러니까 캠페인 안에 그룹이 있고 그룹 안에 소재가 있는 것이다. 저 소재 이름도 나중에 이해하기 편하게 적어 둔다. 나의 경우 그룹 이름과 비슷하게 하거나, 예외적인 경우에는 '여성/40대/경기인천/오렌지'처럼 그룹 이름과 상품 이름을 모두 적어 두는 편이다.

여기서는 간편모드에서의 이유와 동일하게 '비즈프로필 소식'을 누른다. 비즈프로필 소식을 누르면 내가 작성한 소식을 선택할 수 있다. 여기서 소식을 선택하자.

그럼 다음과 같이 화면이 표시가 되는데 간편모드와 동일하게 '소식 이미지와 제목을 그대로 사용하기' 박스를 해제해서 후킹 문구와 이미지를 새로 작성할 수도 있고, '광고에 내 지역 표시하기'를 해제해서 본인의 비즈프로필 위치를 안 보이게 할 수도 있다. '심의필 번호 추가하기' 버튼은 해제되어 있는데 의료 분야나 문화산업 분야에서 필요한 경우가 있다. 해당되는

⋯ 당근비즈니스 '전문가모드' 소재 선택 화면

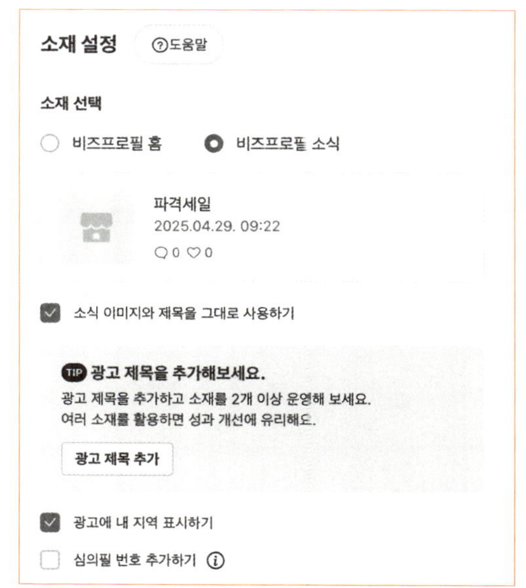



⋯ 당근비즈니스 '전문가모드' 광고 이름과 이미지 선택 화면

경우가 아니라면 무시하고 '등록' 버튼을 누르면 광고 집행이 시작된다.

광고는 심의기간이 필요하다. 평일에는 몇 시간이면 승인되는 편이고, 주말에는 광고 승인이 되긴 하지만 하루 정도 걸리기도 한다. 특히 처음 하는 광고의 경우는 2일까지 걸리는 경우도 봤는데 보통 한 번 광고가 승인된 이후부터는 몇 시간이면 광고 집행이 원활하게 되는 편이다.

# 창업센터에서 만든
# 밀키트로 성공하다

인터뷰 영상 보기

유튜브 「일평사장」 수강생 인터뷰

이분은 정부에서 지원하는 '공유주방'에서 사업을 합니다. 그 덕분에 영업허가증 문제도 없고 월세를 한 푼도 내지 않고 웬만한 잘되는 동네 식당보다 훨씬 더 성공했습니다. 이분께서 저를 '정부 창업 허브' 등에 강력 추천해 주셔서 제가 그곳에서 강의를 하기도 했습니다. 저는 이분의 흐름을 전부 다 알고 있는데 정말 좋아하지 않을 수 없습니다.

'내 식품은 당근마켓에 맞겠다. 그렇다면 당근마켓에서 밀키트로 팔아 보자.'

'당근마켓은 어떻게 공부하면 될까? 아, 일평사장이라는 사람이 있네? 이메일을 보내 보자!'

'오, 내 물건을 일평사장이라는 사람은 긍정적으로 보는군. 열심히 배워서 시작해 보자.'

이분은 이런 스토리로 시작했습니다. 정말 합리적이지 않나요? 당연한 것 아니냐고요? 그렇지 않습니다. 보통사람들은 '…하면 부자 되는 건가?' 하고 시작합니다. 이분처럼 비전을 그리는 사람은 많지 않습니다.

온라인이 되었든 오프라인이 되었든 장사는 쉽지 않습니다. 한 번의 시도 만에 성공하는 것은 여간해서 되는 게 아닙니다. 그런 어려운 장사에서 필승할 수 있는 방법은 이분처럼 비전을 그리고, 계획을 실천하는 것이라 생각합니다. 장사는 계획대로 되지 않고, 계획대로 한다고 하더라도 어렵습니다. 이렇게 비전을 그리면서 하는 장사가 훨씬 더 성공 가능성이 높다고 생각합니다.

# 구매로 이끄는 상세페이지 제작 기술

# 대형 셀러들이
# 당근마켓을 하지 않는 이유

## 당근마켓은 "골라! 골라!"이다

네이버 스마트스토어나 쿠팡에는 없는 당근마켓만의 매력이 무엇인지 아는가? 쉽다? 경쟁이 적다? 아니, 더 중요한 매력이 있다. 당근마켓의 최고 매력은 바로 장사를 할 수 있다는 것이다. 무슨 말이냐면, 네이버 스마트스토어나 쿠팡 같은 경우는 노출을 비롯하여 여러 가지를 배워서 내 경쟁자들과 내 물건이 나란히 서기까지 시간이 오래 걸린다. 하지만 당근마켓은 여러분이 오늘 시작하고 경쟁자들이 1년 전에 시작했더라도 그들 옆에서 바로 "골라 골라! 우리 물건이 최고입니다!"를 외칠 수 있다.

그래서 이번 장에서는 고객들을 꾀는 '후킹'하는 방법과 클릭하여 들어온 고객들에게 내 물건을 파는 방법을 공유해 보고자 한다. 그전에 질문을 하나 해 보자.

**1단계** 상품 선택

**2단계** 노출

**3단계** 구매 전환

당근마켓의 이 3단계 중 여러분이 느끼기에 어느 단계가 가장 어려워 보이는가? 물론 장사에 쉬운 단계는 없다. 그렇지만 초보자인 여러분이 느끼기에는 어떤 것이 가장 어려워 보이는가?

초보자의 경우 십중팔구 2단계 노출을 가장 어려워한다. 노출이라는 건 광고이고 기술적인 것이 들어가기 때문이다. 하지만 기술적인 것은 배우면 그만이다. 그야말로 기술에 불과하다.

하지만 1단계 상품 선택과 3단계 구매 전환은 어떤가? 이 2가지는 학습보다는 내 발품과 노력에 달렸다. 그래서 흔히 온라인 셀러 혹은 마케터를 자칭하는 사람들은 기술적인 것만으로 물건을 팔려는 것 아니겠는가?

장사에서는 1단계 상품 선택과 3단계 구매 전환이 더더욱 중요하다. 상품 선택에 대해서는 앞에서 이야기했으니 여기서는 3단계 구매 전환에 대해서 이야기해 보자.

구매 전환은 가장 기술과 멀리 떨어진 영역이다. 이 구매 전환에 대한 부분은 학습시키기도 여간 어려운 일이 아니다.

"자, 이 버튼 누르고 저 버튼을 누른 다음, 마지막으로 이 버튼을 누르면 팔립니다!"

막말로 이런 식으로 말할 수 있는 게 아니다. 특히 당근마켓이 그렇다. 당근마켓은 "골라 골라!" 식의 장사를 잘해야 한다.

장사를 잘하기 위해서는 뭐가 중요할까? 여러 번 얘기하는데 적을 알고 나를 알아야 한다. 여기서 '적'은 이 플랫폼, 즉 당근마켓이고, '나'는 내 상품을 말한다.

'적'인 당근마켓에 대해서는 앞에서 많이 알아봤고, 뒤에서도 한 번 더 자세히 짚어 보겠다. 그렇다면 '나'인 내 상품에 대해서는 어떻게 알아봐야 할까? 정답은 없다. 발품을 파는 것이다.

예를 들어 내 상품이 40대 여성에게 인기가 있다고 생각해 보자. 그럼 40대 여성들이 내 상품을 사는 이유는 무엇일까? 그걸 알아보는 것이 중요하다. 그냥 덮어놓고 40대 여성만 타깃으로 삼는 것이 아니다. 그럴 거면 뭐하러 타깃을 알아보고 신중하게 상품을 고르겠는가? 만약 타깃을 40대 여성으로 정했다면 여러분은 '나'를 알아보기 위해 이 상품을 찾는 이유를 찾아내야 한다.

찾아냈다면 그 내용을 상세페이지인 '소식'에 녹여 내는 것이 중요하다. 그렇다면 당근마켓에서 상세페이지는 어떻게 작성할 수 있을까? 지금부터 하나씩 알아보자.

## 🥕 당근마켓 vs 네이버 스마트스토어(혹은 쿠팡)

당근마켓이라는 시장을 정확히 이해하기 위해서는 실제로 당근마켓에서 어떻게 판매하고 있는지 알아보는 것이 무엇보다 중요하다. 내 수강생들 중에는 네이버 스마트스토어와 당근마켓에서 모두 성공한 훌륭한 사업가도 있다. 같은 상품을 파는데 두 플랫폼의 전략은 아예 다르다. 어떻게 다르고 왜 다를까? 직접 보면서 분석해 보자.

우선 같은 상품이 네이버 스마트스토어에서 어떻게 고객들을 꾀는지 살펴보자.

⋯ 일평사장 수강생의 네이버 스마트스토어 상세페이지

상세페이지를 보면 동영상으로 화려하게 시작해서 중간중간에 화려한 GIF(움직이는 사진)와 명인의 사진이 있다. 그뿐인가? 같이 먹을 수 있는 추가 상품까지 소개했다. 정말 잘 만든 상세페이지이다. 색감부터 구성까지 완성도가 높은 것으로 보아 비용을 많이 썼을 것이다. 많이 알고 있는 것처럼 이렇게 화려하고 완성도까지 높은 네이버 스마트스토어 상세페이지를 만들기 위해서는 50만 원 이상 줘야 한다. 놀라운가? 정말로 잘 만들었다고 감탄했는가? 스마트스토어에 이 정도 상세페이지는 많지 않은가?

왜 이렇게 네이버 스마트스토어는 화려한 이미지에 동영상까지 넣어 만드는 걸까? 게다가 글씨는 읽으라는 건지, 그들이 원하는 부분과 강조하고 싶은 부분만 큰 글씨로 반짝반짝 하게 넣어 놨다. 이유가 뭘까? 이유는 여러분이 이미 알고 있다.

여러분은 네이버 스마트스토어에서 물건을 구매할 때 상세페이지를 읽는가? 혹시 바로 가격과 후기만 보지 않는가? 그렇다. 스마트스토어는 검색 기반의 플랫폼이다. 쑥떡을 사려는 우리는 그 물건이 뭔지 이미 알고 있다. 이 쑥떡은 어떨까 하고 상세페이지를 자세히 읽어 보는 사람은 거의 없다.

그렇다면 장사하는 입장에서는 어떻게 해야 할까? 어떻게든 대충 훑어 보는 고객들의 기억에 남겨야 한다. 동영상이든 중간에 움직이는 사진이든 혹은 내가 꼭 전달하고 싶은 말이 있다면 큰 글씨로 몇 번씩 반복해서라도 말이다.

똑같은 상품을 당근마켓에서 보면 어떨까?

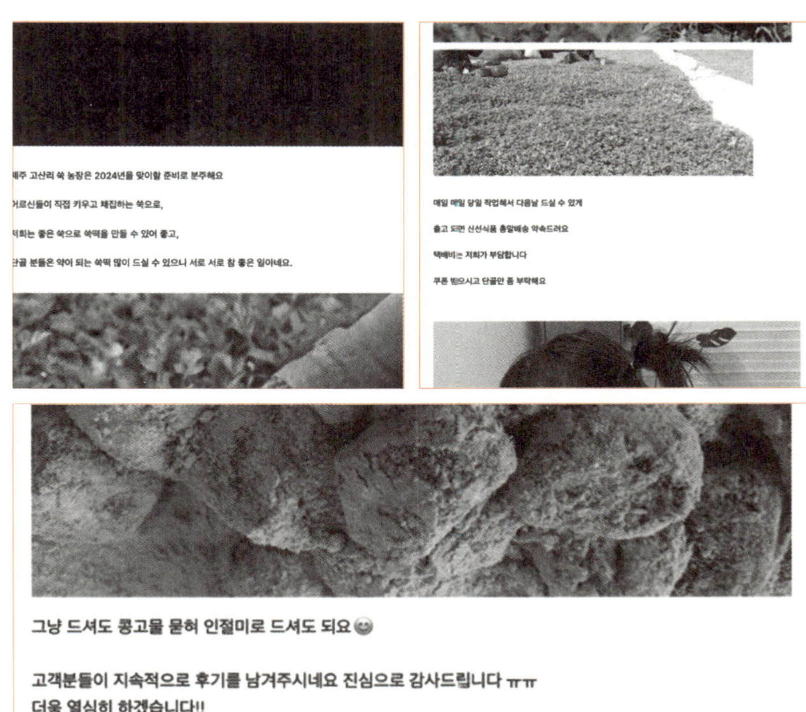





　같은 물건, 같은 사업자임에도 불구하고 네이버 스마트스토어와 당근마켓의 상세페이지는 무척 다르다. 왜 당근마켓은 마치 블로그처럼 만들고, 네이버 스마트스토어는 돈을 들여 화려하게 만들까? 이유는 간단하다. 당근마켓의 고객들은 물건을 설명하는 상세페이지를 읽기 때문이다.

　왜 그럴까? 이유는 간단하다. 네이버 스마트스토어는 고객이 직접 검색해서 들어가지만, 당근마켓은 내 물건이 그들의 알고리즘에 의해 피드에 '노출'됨으로써 연결됐기 때문이다. 그러니 내 물건을 그들에게 잘 설득시키는 "골라! 골라!"를 잘해야 한다. 여러분이 누군가를 잘 설득하고 싶을 때 화려한 이미지와 동영상으로 눈을 정신없게 만들겠는가? 아니면 글과 이미지로 마치 블로그 글처럼 차분하게 설득을 하겠는가?

당연히 글과 이미지이다. 이해가 되는가? 먼저 당근마켓 앱에 들어가서 판매를 잘하는 업체들이 어떻게 물건을 팔고 있는지, 어떻게 상품을 보여 주고 있는지 살펴보자. 그리고 내 상품을 어떻게 글로 상세페이지 안에 녹일지 생각해 보자.

# 돈 안 들이고 만드는
# 실전형 상세페이지

## 당근마켓 사용자들은 '읽는다'

다시 한 번 말하지만 당근마켓 사용자들은 상세페이지를 '읽는다.' 그렇다면 내 상품을 어떻게 녹여야 고객들에게 매력적으로 보일까? 지금부터는 그 글을 쓰는 원리에 대해 설명할 것이니 이미 블로그 등으로 글쓰기가 다져진 분들은 넘어가도 좋다.

고객들이 내 글을 '읽는다'는 것은 내 글의 '내용'이 중요하다는 뜻이다. 네이버 스마트스토어나 쿠팡처럼 화려한 이미지로 "내가 최고요." 하는 것이 아니라 내 물건을 사게끔 '내용'으로 설득하는 것이 중요하다는 것이다.

유튜브나 여타 강의를 보면 좋은 상세페이지를 만드는 것에 대해 이야기할 때 '스토리'를 중요시한다. 특히 당근마켓에서는 더욱 그렇다. 고객이 내 글을 수월하게 읽고 설득되기 위해서는 스토리처럼 중요한 것이 없다.

하지만 그것이 '기승전결'을 충족시키라는 의미는 아니다. 가끔 온라인 장사에서 "기승전결에 맞춰 스토리를 작성하라."라고 가르치는 사람들이 있는데 나는 이 사람들이 진짜 장사를 하는 사람들인지 궁금하다.

고객들은 1, 2초만 흥미를 못 느껴도 바로 빠져나간다. 그런데 스토리를 기승전결에 맞춰서 시작하라고? 천만의 말씀이다! 기승전결 따위는 필요 없다. '전전전결!'이어야 한다. 내 상품을 사야 하는 이유를 초반에 넣고 계속 글을 끌고 가는 것이다.

이렇게 당근마켓에서 스토리가 중요하다고 하면 초보자들이 만드는 상세페이지들은 뻔하다.

"안녕하세요. 저는 좋은 물건만 찾아서 올리는 ○○마켓입니다. 항상 좋은 물건을 위해 새벽부터 일어나 우리 가족이 먹는다는 생각으로…."

제발 '안녕하세요.' 좀 그만하라. 고객들이 글을 읽는다는 건 네이버 스마트스토어나 쿠팡에 비해 상세페이지 내용의 중요성이 크다는 것이지, 지루한 글이라도 참고 읽어 준다는 뜻이 아니다.

여러분이 올린 물건에 흥미를 느껴 고객들이 들어왔다면 도대체 왜 이 물건에 흥미를 느꼈는지 파악하고, 그 흥미를 처음부터 자극시켜 주는 것이 중요하다.

예를 들어 여러분이 '요거트'를 판매한다고 생각해 보자. 타깃은 30대 후반 여성으로 잡았다. 한 번 시장을 분석해 보자. 네이버에도 검색하고 챗 GPT에도 물어보고, 그리고 쿠팡에서 가장 잘 파는 업체에도 들어가서 좋은 후기부터 나쁜 후기까지 찾아보자. 그렇게 해 보니 30대 후반의 여성들은 요거트를 간식으로 많이 즐기고, 다이어트 식품, 게다가 변비에도 좋다고 한다.

그렇다면 당근마켓의 상세페이지 스토리를 이렇게 시작할 수 있다.

"아침부터 뭔가 먹으면 속이 더부룩하죠? ㅠㅠ 저도 요거트를 시작하기 전에 그랬습니다. 30대 후반에 들어서고 나서부터 특히 그렇더라고요!"

이렇게 타깃 고객들이 원하는 니즈를 살짝 건드려 주면서 시작하는 것이다. 이해가 되는가? 기승전결 따위는 없다. 바로 고객들이 원하는 것을 충족시켜 주는 "골라! 골라!" 장사를 해야 한다.

하지만 상세페이지에서 반드시 지켜야 할 3가지가 있다. 어떤 글을 쓰든 이 내용들을 충족시키며 진행하자.

### → 소설을 쓰지 마라.

바로 전까지 말한 내용으로 '기승전결'이 아니라 '전전전결', 그러니까 바로 "골라! 골라!"를 하라는 것이다.

### → 신뢰도를 줘라.

여러분은 음식의 맛을 어떻게 글로 설명하겠는가? 여러분 업체의 서비스가 훌륭하다는 것을 어떻게 글로 표현하겠는가? 바로 신뢰를 주는 것이다. 신뢰도를 높이기 위해서 편지를 쓰는 사람도 있고, 사원증을 보여 주는 사람도 있다. 어떤 방식으로든 여러분이 '찐'이라는 것을 증명하라.

### → 충동 구매할 수 있는 가격에 맞춰라.

흔히 당근마켓에서는 싸게 팔면 잘 팔린다고 생각하는데 이것은 오해이다. 그렇지 않다. 당근마켓에서는 싼 물건만 잘 팔리는 것이 아니라 충동 구매할 수 있는 가격의 범위에만 있다면 팔린다. 당근마켓 시장을 생각해 보면 고객들은 검색해서 구매하는 것이 아니라 우연히 보게 된 광고로 들어와서 설득되어 구매하는 것이다.

그런데 가격의 범위가 너무 높으면 구매할 수 있겠는가? 하지만 고객들이 살 만한 범위의 가격으로 제공하면 무조건 최저가가 아니어도 판매가 가능하다. 나는 당근마켓에서 잘 통하는 가격 범위를 2만 원 후반대에서 3만 원 후반대까지로 생각한다. 하지만 이것은 나의 판단이고, 여러분이 더 높은 가격을 시도해 봤을 때는 또 다른 결과를 얻을 수 있다.

# 고객의 마음을 흔드는 소식 글쓰기 노하우

여기까지 잘 따라 왔다면 여러분은 이미 다른 장사꾼들보다는 훨씬 앞서고 있다. 정말이다. 내 입으로 말하기 부끄럽지만 '당근마켓' 강의 중 최고 만족도와 최다 수강생이라는 내 강의도 10명이 수강을 하면 실제로 도전하는 사람은 3~4명 정도에 불과하다. 그중에서 내가 말한 내용을 전부 실천해 가면서 실행하는 사람은 1~2명도 안 될 것이다. 그 1~2명이 성공하는 것이다.

실제로 직접 상세페이지를 만들어 보게 한 뒤 수강생들의 비즈프로필에 들어가 보면 마음이 답답할 때가 많다. 그렇게 열심히 설명했는데도 많은 사람이 하기 싫은 숙제를 억지로 해 내듯이 형식적인 내용으로만 채운다.

"아, 잘되는 상세페이지를 보니 글 5줄, 이미지 3개, 글 3줄 식이네?"

이렇게 말이다. 대체 왜 구색 맞추기만 하는가?

아마도 초보 판매자들이라 상세페이지의 위력을 아직 잘 모르는 것 같다. 상세페이지로 고객들을 설득하기 위해 여러분이 광고도 배우고 상품도 열심히 찾은 것이다. 그러니 상세페이지에 여러분의 영혼을 담아야 한다.

한 사장님은 상품의 마진이 17,000원이 넘는데도 구매 전환율이 낮아서 손해를 보고 있었다. 일반적으로 물건의 마진이 8,000원에서 1만 원을 넘기기 어려운 걸 감안하면 엄청난 마진인데도 말이다. 자랑은 아니지만 그분은 나를 만난 뒤에 구매 전환율이 확 올라서 본인 브랜드의 상품까지 내놓게 되었다.

내가 무엇을 해 주었겠는가? 단지 상세페이지의 중요성을 다시 한 번 알려 줬을 뿐이다. 상세페이지를 잘 만드니 자연스럽게 구매 전환율이 올라가고 결국 마진이 남기 시작해서 성공하게 된 것이다.

간혹 초보 장사꾼들 중에 상세페이지의 구매 전환 효과를 무시하는 사람들이 있다. 아직 당근마켓 강의가 없던 시절에 유튜브만 보고 나를 찾아온 사장님이 있었는데 그분은 내가 상세페이지의 중요성을 그렇게 설명했는데도 이미지를 넣지 않고 글만 몇 자 써 왔다. 그래서 물었다.

"도대체 왜 일주일 동안 아무것도 하지 않고 상세페이지에 이미지도 없이 글만 몇 자 써 놓은 거예요?"

그분이 이렇게 대답했다.

"그렇게 당근마켓이 좋은 시장이면 상세페이지를 잘해 놨을 때 100개가 팔린다면 못해 놔도 10개는 팔리지 않겠어요?"

진짜 어이없었다. 호프집을 운영하다가 망한 사장님이었는데, 이런 말 하기 미안하지만 어떤 사업을 해도 성공할 것처럼 보이지 않았다. 심지어 그 당시는 과일류의 경우 올리기만 해도 팔리는 시절이었다. 결국 그분은 당근마켓에서 실패하고 떠났다.

자, 여러분의 상품 마진이 8,000원 남는다고 생각해 보자. 클릭당 비용(CPC)은 150원이다. 그리고 여러분이 소식의 상세페이지를 열심히 만들었지만 60명 들어올 때마다 하나 팔리는 구조를 만드는 것에 그쳤다. 그렇다면 물건 1개를 팔기 위해서 광고비를 9,000원 소비해야 한다는 뜻이 된다.

150원 × 60명 = 9,000원

그럼 마진이 8,000원 남는 상품이니 순수익은 마이너스(-) 1,000원으로 손해를 보게 된다.

마진(8,000원) - 광고비(9,000원) = -1,000원

하지만 만약 여러분이 상세페이지를 즘 더 매력적으로 다듬어서 40명당 1명이 구매되는 시스템을 만든다면 어떨까?

150원 × 40명 = 6,000원
마진(8,000원) - 광고비(6,000원) = 2,000원

마케터들이 좋아하는 비율(%)로 따지면 1%도 안 되는 차이인데도 수익이냐 손해냐가 결정되는 것이다. (60명당 1명의 경우는 1.67%, 40명당 1명의 경우는 2.5%이다.)

내 온라인 강의 수강생들은 상세페이지 성공 사례 템플릿을 받아 볼 수

소중한 손길을 얻은 분들께.

안녕하세요. 이 편지가 당근 여러분께 전해지길 바라며 마음을 담아 쓰고 있습니다. 제게 소중한 손길을 내밀어주셨던 모든 분들께 진심으로 감사의 인사를 전하고자 합니다.

여러분의 따뜻한 도움은 제게 정말 그 무엇보다 큰 감동이 되었고 힘이 되었습니다. 처음엔 감사편지가 없었습니다. 가능한 일인가 싶었습니다. 여러분의 여러 격려로 이어지며 견디고 있습니다. 다 정리하고 처음으로 시작하려 합니다.

⋯› 당근마켓 상세페이지에서 판매자의 편지를 보여 준 화면

있는데 그중 하나의 상세페이지를 보면 중간에 이런 내용이 나온다.

이분은 내 수강생도 아니고 그냥 일반 판매 업자여서 전문은 공개할 수 없지만 당근마켓 고객들에게 편지를 썼다. 왜 이렇게 하겠는가? 이걸 본 대부분의 수강생은 웃는다.

"뭐 저렇게까지 해. ㅋㅋㅋ"

하지만 이 편지 한 장으로 고객들이 좀 더 이 사람에게 신뢰를 느낄 수 있고 구매 전환율이 1%만 올라도 내 사업은 성공하게 된다.

당근마켓을 시작하는 사람들의 특징이 있다. 초반에는 에너지가 엄청나게 넘쳐서 그냥 넘어갈 만한 부분도 미친 듯이 파고들며 해낸다. 특히 비즈 프로필 이름을 본인이 원하는 대로 만들어 내고 싶어서 사업자도 여러 번

내고 명함을 여러 번 파기도 한다.

그런데 정작 상품을 위탁하는 일, 상세페이지를 제작하는 일 등 진짜 에너지를 써야 하는 부분을 놓친다. 말 그대로 용두사미이다. 우리는 상품을 판매하기 위해 여기까지 온 것이다. 상품 선택과 위탁에 '사활'을 걸었다면 상세페이지 제작에는 '영혼'을 불어넣자.

# 광고비를 아끼는
# 후킹 콘텐츠 만들기

후킹 관련 내용을 어디에 넣을까 고민을 많이 했다. 광고 후킹에 대한 이야기는 광고 파트에 들어가는 게 맞지만, 이 책을 읽는 여러분이 당근마켓 고객에 대한 제대로 된 이해 없이는 후킹 부분을 이해하기 어려울 거라고 생각했다. 그래서 상세페이지를 설명한 이후에 후킹을 다루기로 결정했다. 아마 여기까지 읽은 사람들은 당근마켓의 고객들이 어떤 사람들인지, 그리고 그들에게 어떻게 접근해야 하는지 감이 조금 올 것이다.

광고에서 가장 중요한 것은 광고를 저렴하게, 즉 싸게 돌리는 것이다. 당근마켓을 포함하여 대부분의 광고 플랫폼에서 CPC를 측정하는 원리는 '클릭률'이다. 즉 광고 효과가 좋을수록 우선적으로 광고가 노출된다. 이것이 굉장히 중요하다. 내 광고를 본 고객들의 액션(클릭, 구매, 채팅 등)이 많을수록 내 광고는 저렴하게, 효과적으로 운영된다.

그렇다면 고객들이 내 페이지로 들어왔을 때는 구매하도록 해야겠지만, 들어오기 전에는 어떻게 해야 할까? 그렇다. 클릭을 하게 해야 한다. 그럼 클릭을 하게 만들기 위해서는 어떤 부분을 손볼 수 있을까? 앞서 이야기한 **타깃(연령, 성별, 지역, 시간대 등), 후킹(이미지, 제목), 상품 자체** 등이 있다.

타깃과 상품 자체에 대해서는 많이 이야기했으니 이제 후킹에 대해서 이야기해 보겠다. 여기에 우리가 배운 모든 게 들어 있다고 해도 과언이 아니다. 만약 술술 이해가 되었다면 광고를 이해한 것이다. 만약 이해가 안 된다면? 다시 한 번 훑어보자.

후킹을 만드는 차례가 다가오면 두 부류로 나뉜다.

"도저히 무슨 말을 해야 할지 모르겠어요."

"전 원래 센스가 좀 있는 편이라 잘할 수 있어요."

사실 내 입장에서 기술을 전달하기 어려운 쪽은 본인이 센스가 있다고 자처하는 유형이다. 자, 그럼 지금부터 후킹을 배워 보자. 내가 그동안 강의를 하면서 만든 후킹 문구에 대한 3가지 철학이 있다. 이것만 지켜도 클릭률 1% 이하는 방지할 수 있을 것이다.

### → 첫째, 결과는 고객이 평가하는 것이다.

본인이 센스가 있다고 생각하는 유형은 재치 있는 메시지들을 잘 만들어 낸다. 그런데 그 메시지가 고객들에게 반응이 없으면? 실망한다. 그리고 이해를 하지 못한다.

그들의 후킹은 대체로 이런 식이다.

"아파트~ 아파트~ 우리 아파트에서 가장 맛있는 과일은? 바로 ○○!"

(참고로 이때는 로제와 브루노 마스의 'APT'가 유행할 때였다.)

많은 수강생이 나에게 후킹 문구를 봐 달라고 요청한다. 몇 점짜리 후킹인지 봐 달라는 것이다. 그럴 때마다 내 답은 "나도 모른다."이다. 사실 TV에 나오는 사업가들도 이에 대한 평가를 할 수 없다. 아니 더 정확히 말하자면 그들의 평가는 무의미하다. 막말로 내가 어떤 수강생의 후킹에 100점을 줬다고 치자. 그런데 고객들이 클릭을 하지 않으면? 여전히 100점짜리인가? 반대로 0점을 줬는데 고객들이 클릭을 많이 하면?

평가는 고객들이 하는 것이다. 후킹 하나 만들고 고민할 필요는 전혀 없다. 나는 하루에 4~5번은 후킹을 바꾼다. 반나절 정도 지켜보고 효과가 없으면 다시 바꾸는 식으로 말이다. 가장 좋은 건 테스트해서 결과를 보는 것이다. 테스트할 때마다 겁을 먹으면 장사는 성공할 수 없다. 늘 말하지만 온라인 장사는 작은 시도를 여러 번 하는 것이 필승법이다.

**→ 둘째, 내용과 타깃을 일치시켜라.**

**1단계** 상품 선택
**2단계** 노출
**3단계** 구매 전환

성공하고 싶다면 이렇게 단계를 나누고 구분해서 봐야 한다. 구매 전환이 안 되는데 광고를 수정하거나, 유입이 전혀 없는데 상세페이지를 수정하는 등의 행위를 하면 안 된다는 것이다. 하지만 상품 자체가 노출과 구매 전환에 영향을 미치듯이 아예 배제해서 보는 것도 안 된다.

우리는 상품 선택을 할 당시 고객의 연령대와 성별을 확인했다. 타깃을 알고 있는 것이다. 그럼 광고 세팅할 때뿐만 아니라 후킹을 만들거나 소식 글을 작성할 때도 그 타깃을 반영하는 것이 필요하지 않겠는가?

예를 들어 내 고객이 40대이고 내 상품이 변비에 좋다면 그 내용이 반드시 후킹 문구와 소식 페이지에 적극 반영되어야 한다. 그런데 너무 당연한 이야기인데도 많은 상세페이지가 그렇게 되어 있지 않다. 물건에 대한 이해도가 전혀 느껴지지 않고, 그냥 네이버 스마트스토어나 쿠팡의 상세페이지마냥 정보만 나열되어 있다.

## 🥕 후킹은 '좀 심한 것 아니야?' 할 정도로 한다

강의를 할 때 항상 하는 이야기가 있다. 바로 우리가 너무 착하다는 것이다. 너무 착해서 후킹을 만들 때마다 '아, 이건 좀 심한가?' 혹은 '아, 이런 말은 하기 무서운데….' 한다. 정말 미안하지만 여러분 생각에 좀 심한 것 아닌가 싶은 후킹을 만들어도 '온라인 평균'이다. 우리는 휴대폰이든 컴퓨터든 광고에 하루 종일 노출되어 있다. 생각보다 후킹 문구들이 강력하다. 그래서 나름대로 강하게 만든다고 해도 전혀 강하지 않고 그냥 쓱 스쳐 갈 뿐이다.

이해가 되는가? 고객들은 내 상품을 검색해서 들어온 사람들이 아니다. 그들의 피드에 우리의 상품이 노출되는 것이다. 그런데 아무런 시선을 끌 만한 문구 없이 '사과 5,000원'만 보인다면? 그건 장사하지 말자는 것이다.

고객의 눈을 끌고 내 물건을 일단 클릭하게 만들어야 한다. 일단 내 소식 페이지에 들어오게 만들어야 한다. '좀 심한 것 아니야?' 할 정도의 후킹을 만들라고 하는 것은 꼭 자극적인 후킹을 말하는 것이 아니다. 실제로 당근마켓 초창기에 가장 흔하게 볼 수 있었던 후킹이 "도와주세요.…"였는데 나는 이 후킹을 별로 좋아하지 않는다. 클릭을 해서 들어온들 구매 전환으로 이어지지 않기 때문이다.

나는 후킹 문구에 내가 팔고자 하는 상품이 꼭 들어가야 한다고 생각한다. 그래야 클릭을 하고 들어와도 구매 전환으로 이어질 가능성이 높기 때문이다. 게다가 앞에서 말한 '사과 5,000원' 같은 후킹도 잘 작동할 때가 많다. 어떨 때냐고? 바로 가격이 아주 저렴할 때이다. 가격 메리트가 엄청날 때는 저 후킹도 엄청나게 강력할 수 있다.

실제로 이 장 뒤에 성공 사례로 소개한 사장님은 광고나 다른 단계보다 좋은 상품을 저렴하게 가져오는 것에 더 신경을 썼다. 우리는 보통 중매인이 가락시장에서 뗀 물건을 사서 고객들에게 파는데, 이 사장님은 농장과 직접 연결하는 재주가 용하여 가락시장 가격보다 1/3은 저렴하게 물건을 가져왔다.

그래서 이분의 후킹은 아주 간단했다. '천혜향 5킬로 24,000원, 농장 직송!' 가격이 엄청난 후킹인 것이다. (이는 예시를 위해서 만들어 낸 문구로 실제 가격은 다르다.)

"가격이랑 상품을 쓴 게 무슨 후킹 문구야!"라고 할 수도 있지만 후킹이라는 건 결국 고객들을 꾀는 문구이다. 무조건 자극적이라고 되는 것도 아니고, 너무 매력이 없어도 안 된다.

그래서 나는 '좀 심한 것 아니야?' 할 정도로 만들어서 일단 테스트해 보라고 한다. 테스트 횟수에 제한을 두지 말고 뭐든 다 해 보라는 것이다. 당근마켓의 장점 중 하나가 아직은 검열이 다른 플랫폼보다 강력하지 않다는 것이다.

건강에 관련된 식품을 파는 분의 후킹은 이것이었다.

"내 아이 키 성장, ○○○즙으로 한방 해결!"

별거 아닌 것 같지만 저 '키 성장'이라는 표현은 네이버 스마트스토어나 쿠팡에서는 쓸 수 없다. 그래서 나는 당근마켓에서 저 후킹이 통과되는 걸 보고 놀랐던 기억이 있다. 그분이 저 후킹으로 성공한 것은 아니지만 테스트를 할 때는 제한을 두지 말고 여러 가지로 해 볼 필요가 있다.

나는 후킹 문구를 작성할 때 '(타깃을 고려한 문구) + 상품 + 가격'으로 한다. 타깃을 고려한 문구라는 건 '50대에게 좋은'이라는 식의 노골적인 것만을 말하는 것이 아니다. 내가 특정 연령대나 성별이 좋아하는 문구들을 나름대로 테스트해서 정리해 놓은 게 있는데 그걸 돌려 가며 쓰는 것이다. 공개해 주면 안 되냐고? 공개하는 건 의미도 없고 그럴 수도 없다. 의미가 없다는 것은 내가 여기서 공개하는 순간 이미 이 후킹 문구는 효과가 없어질 게 뻔하고, 그렇게 되면 아직까지는 내 본업인 '당근마켓 장사'에 영향을 많이 미칠 것이기 때문이다.

그럼 초보자인 여러분은 어떻게 해야 할까? 지금 당장 당근마켓에 들어가서 잘되는 광고들의 문구를 전부 저장해 둬라. 잘되는 광고는 채팅이나 댓글의 수치가 높은 것으로 확인할 수 있다. 게다가 제작한 지 오래된 광고라면 장수하는 광고이니 더더욱 좋다. 이렇게 잘되는 광고를 참고하고 테스트해 보는 것이 최고의 방법이다.

실제로 내 온라인 강의에서 나의 후킹 문구가 자연스럽게 노출되었다. 내 의도는 이걸 따라 하라는 뜻이었고, 실제로 눈치 빠른 수강생들은 그것부터 따라 했다. 놀라운 점은 아직도 그 후킹 문구가 먹힌다는 것이다.

사실 이 후킹을 정말 잘하는 마케터를 본 적이 있다. 그 사람을 직접 본 것은 아니고, 아직 내 이름으로 하는 강의가 없던 시절에 나에게 배우고 싶다고 찾아온 22살 대학생을 통해 알게 되었다. 나는 상품 선택에 대한 것만 알려 줬는데 그 학생은 클릭률도 6%가 넘게 나오고 구매 전환율도 끝내주게 만들어 사업에 성공해 학비도 직접 냈다.

내가 궁금해서 그 학생에게 이런 후킹 문구를 어떻게 개발했는지 물으니 어떤 마케터에게 2개월 정도 기술적인 마케팅이 아닌 원초적인 마케팅을 배웠다고 했다. 나는 자존심 때문에 그 사람이 누군지 물어보지 못했는데 아직도 확인하지 못한 게 아쉽다. 사실 나는 마케터를 안 좋아하지만 이렇게 정석적인 마케터는 좋아한다.

# 장사가 잘돼서
# 제주도에 밭을 사다

인터뷰 영상 보기

유튜브 「일평사장」 수강생 인터뷰

제 수강생들이 모여 있는 채팅방에서 '천사'라고 불리는 사장님을 소개하겠습니다. 이 사장님은 본인의 내공을 라이브에서나 단톡방에서 남김없이 전수해 주십니다. 그뿐인가요? 단톡방에서 초보자들을 모아 돈 한 푼 받지 않고 가락시장 투어를 시켜 주기도 하십니다.

좀 의아하죠? 그렇게 되면 장사꾼으로서 경쟁자를 만들게 되는 것일 수도 있으니까요.

그런데 저는 아니라고 생각합니다. 이 사장님의 전략은 뭔가 마법 같은 광고 기술이나 주문 같은 게 아니라 직접 발품을 팔고 먹어 보며 양질의 상품을 고객에게 전달하는 것에 있기 때문입니다.

사실 우리가 그걸 몰라서 안 하는 게 아니죠. 힘들어서 안 하는 거죠. 사실 장사의 비법, 더 크게 봐서 성공하는 비법은 이미 시중에 다 나와 있습니다. 바로 이 사장님처럼 양질의 상품을 열심히 찾아서 저렴한 가격에 고객들에게 제공하면 되는 것입니다.

과일이나 농산물을 위탁해 오는 전략에 관해서는 아직 저는 이 사장님의 발끝에도 못 미칩니다. 이분은 심지어 더욱 발전하고 계십니다. 얼마 전에는 아예 특정 농장의 상품을 통째로 사서 1년 동안의 수확물을 전부 직접 판매하셨습니다. 그렇게 되면 가격 메리트가 엄청나니까 이미 성공을 보장받는 셈입니다.

이 사장님은 당근마켓을 만나기 전에 다른 플랫폼들에서도 판매했는데 당근마켓에서만큼 성공한 적이 없습니다. 다행히 당근마켓 시스템이 이 사장님의 전략과 딱 맞아 떨어졌고, 이후에는 다른 플랫폼에서도 조금씩 성공하고 있습니다.

# 작게 시작해 크게 키우는 스케일업 전략

# 구매 전환 이후
# 매출을 확장하는 방법

## 매일 테스트하라

앞서 말한 2025년 현재 벌써 6명이 본인 브랜드를 시작했다는 것에 대해 오해가 있을까 봐 구체적으로 설명하겠다. 2025년 상반기에 6명이 브랜딩까지 성공한 것이 아니라, 2024년 6월부터 시작한 내 강의를 들으며 1년 정도 꾸준히 열심히 해 오던 분들 중 총 6명이 드디어 브랜딩을 시작한 것이다 (2024년 1명, 2025년 5명). 이건 엄청난 수치이다.

브랜딩이라는 말은 범위가 무척 넓은데, 정확히 말하면 저 6명은 위탁에서 시작해서 본인만의 상표로 ODM(제조업자가 생산하나 브랜드는 주문자의 브랜드로 판매되는 것)을 시작한 사람들이다. 그중 2명은 당근마켓에서 인지도를 높여 네이버 스마트스토어까지 상품 판매를 확장했다.

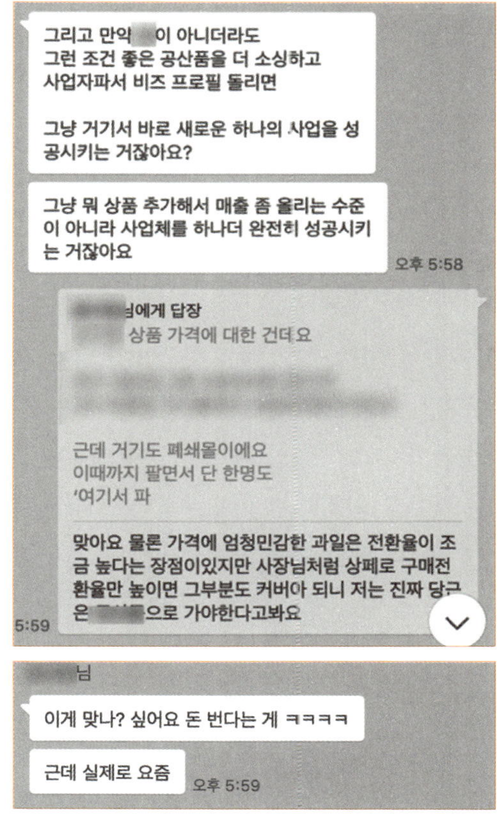



···▸ 수강생과 주고받은 공산품 판매 관련 채팅 화면

예시한 공산품 판매 관련 채팅 화면에 다음과 같은 인상적인 문장이 있다.

"상품 추가해서 매출 좀 올리는 수준이 아니라 사업체를 하나 더 완전히 성공시키는 거잖아요."

여러분이 열심히 당근마켓을 공부해서 이 말이 이해가 된다면 여러분은 분명히 성공할 것이다. 이 말에는 2가지 의미가 있다.

### → 첫째, 브랜딩을 할 수 있다.

브랜딩에 대해서는 이 책의 취지와 맞지 않으니 생략하겠다. 하지만 2025년 현재 6명이 본인의 브랜딩을 시작했다는 걸 기억하며 꿈을 키워 나갔으면 한다.

### → 둘째, 수익을 극대화할 수 있다.

나는 자주 "당근마켓에서 광고의 성공은 상품 하나의 성공이 아니라 스토어 자체의 성공이다."라는 말을 하는데 여러 가지 의미로 사실이다. 앞서 여러 번 언급했던 네이버 스마트스토어나 쿠팡과 비교되는 당근마켓의 특징을 기억하는가? 그렇다. 검색을 하지 않는다. 어느 누가 당근마켓에서 '참외'를 검색해서 사 먹는단 말인가? 고객들의 피드에 우리가 매력적으로 '뽕' 하고 노출시키는 것이다. 하지만 스마트스토어나 쿠팡은 어떤가? '참외'를 먹고 싶어 하는 사람들이 '검색'이라는 과정을 통해서 구매를 한다.

그 둘에는 많은 차이가 있다. 우선 당근마켓의 단점을 이야기하면 고객들이 원해서 들어간 것이 아니기에 구매 전환율이 좋을 수가 없다. 반면에 네이버 스마트스토어나 쿠팡은 처음부터 '참외'를 먹고 싶은 사람들이 '검색'을 해서 들어가기 때문에 당연히 구매를 한다.

당근마켓은 '참외' 생각이 없던 사람에게 '참외가 맛있겠네.' 하고 들어오게 해서 그들을 꾀어야 한다. 그래서 "골라! 골라!"가 무엇보다 중요하다. '장사'라는 행위가 무엇보다 중요한 것이다. 이 장사라는 행위를 잘했을 때는 따라오는 장점이 엄청나다.

네이버 스마트스토어나 쿠팡은 '검색'을 통해서 들어오기에 만약 하루에 '참외'를 검색하는 사람이 100명이라면 내가 아무리 장사를 잘해도 참외를 팔 수 있는 사람은 딱 100명뿐이다. 참외를 파는 사람이 나 혼자가 아니니 그 100명이라는 수치를 다 장악할 수도 없고, 아무리 많아도 딱 100명에게 팔 수 있다고 정해져 있다.

하지만 당근마켓은 수치가 정해져 있지 않다. 애초에 검색을 해서 들어온 것이 아니기에 내 고객은 검색을 한 100명이 아니라 당근마켓을 사용하는 모든 유저가 될 수 있다. 즉 제한이 없다. 한 상품에 성공하면 그때부터는 광고비를 최대한 높여서 고객 수를 늘려 나갈 수 있다. 이것이 당근마켓 수익화의 비밀 아닌 비밀이다.

광고비를 늘려 나가는 것은 좀 있다가 설명할 텐데 광고비가 기하급수적으로 늘어나는 것은 아니다. 나는 광고비로 단일 상품에 하루 최대 200만 원, 여러 상품에 하루 최대 400만 원까지 쓴 적이 있다.

이렇게 한 상품이 성공하기 시작해서 광고비를 늘려 나갈 때 우리가 해야 하는 것은 무엇일까? 바로 '테스트'이다.

또 테스트? 맞다. 테스트하는 것을 너무 겁내지 말기 바란다. 나는 오늘 아침에도 광고 테스트를 5건 했고, 광고비로 10만 원을 사용했는데, 생각대로 되지 않아 2만 원을 손해 봤다. 그래도 괜찮다. 나는 임시공휴일 오전에 고객들이 구매를 많이 할지 어떨지를 테스트해 볼 수 있었고, 생각했던 후킹 문구들도 점검해 볼 수 있었다.

그럼 이 단계에서는 어떤 테스트를 해야 할까?

먼저 **한 상품이 성공하기 시작**하는 건 어느 시점을 의미하는 걸까? 물건을 팔아서 마진이 남는 시점을 말한다. 1개의 물건을 팔아서 마진이 남는다면 많이 팔지 못했더라도 광고비를 확 늘리기 전 단계인 '한 상품을 성공한 단계'라고 말할 수 있다. 이해가 되는가? 다시 한 번 말하지만 '마진이 남아야' 한다.

구매 전환율이 좋고, 클릭률이 좋고, 단골이 많이 모이고, 어떤 수치가 좋고 등 다 필요 없다. 장사꾼으로서 내가 판단하기에 한 상품의 성공은 팔았을 때 수익이 남는 것이다.

| 클릭 수 | 비용 (VAT 포함) | 클릭률 | 클릭당 비용(CPC) |
|---|---|---|---|
| 384 | 54,912 | 3.99% | 143 |
| 1,092 | 156,156 | 4.18% | 143 |
| **1,476회**<br>총 클릭 수 | **211,068원**<br>총 비용 | **4.13%**<br>평균 클릭률 | **143원**<br>평균 클릭당 비용 |

⋯▸ 당근비즈니스 '전문가모드' 광고비 화면

| 쿠폰 다운로드 수 | 단골 수 | 후기 수 | 채팅 문의 수 | 전화 문의 수 |
|---|---|---|---|---|
| 12 | 12 | 0 | 4 | 0 |
| 33 | 33 | 1 | 22 | 1 |
| **45회**<br>총 쿠폰 다운로드 수 | **45회**<br>총 단골 수 | **1회**<br>총 후기 수 | **26회**<br>총 채팅 문의 수 | **1회**<br>총 전화 문의 수 |

⋯▸ 당근비즈니스 '전문가모드' 채팅 문의 수 화면

자, 이 2개의 광고 수치를 한 번 보자. 이미 성공했던 상품들이고 업체와 잘 이야기가 되어서 마진도 많이 높인 것이다. 클릭은 총 1,476명이 했다. 그중 26명은 채팅으로 구매, 1명은 전화로 구매했다. 다행히 전부 구매를 해서 27명에게 팔았다. 그중 몇 명은 여러 박스를 구매했고, 이 소식을 올렸을 때 재구매를 한 고객도 있었으나 단순한 계산을 위해 27명만 구매한 것으로 가정해 보겠다.

그럼 수치적으로 1,476명에게 27박스를 판매한 것이니 대략 55명당 1박스를 구매한 것이다.

$$1{,}476 / 27 = 54.6$$

이 광고의 CPC는 143원으로 보인다.

$$54.6 \times 143 = 7{,}807$$

그러니까 이 상품은 하나 팔릴 때마다 광고비로 7,807원을 사용한 것이다. 이 상품은 3만 원 초반대로 마진은 13,000원이다. 최종 순수익까지 계산을 하면 5,193원이 순수익으로 떨어진다.

$$13{,}000 - 7{,}807 = 5{,}193$$

이 광고로 27박스를 팔았으니 대략 현재 3시 기준 오전 광고로 140,000원 정도의 순마진을 본 것이다. 즉 '상품 판매에 성공'한 것이다.

정리하면 다음과 같다.

1,476(총 클릭 수) / 27박스(총 판매수) = 54.6(1박스 판매당 클릭 수)
54.6(1박스 판매당 클릭 수) × 143원(CPC) = 7,807원(1박스 판매당 광고비)
13,000원(상품 마진) - 7,807원(1박스 판매당 광고비) = 5,193원(순수익)

이렇게 결론을 내릴 수 있다. 숫자가 나온다고 부담스럽게 생각할 필요 없다. 찬찬히 보면 그냥 산수에 불과하다. 정말 별거 아닌 계산이니 겁먹지 마라.

이건 누가 봐도 성공한 상품인데, 여기서 어떤 걸 테스트해 볼 수 있을까? 이 계산에서 좀 아쉬운 건 뭘까? 한 번 찬찬히 생각해 보자.

정답이 있는 문제는 아니지만 내 눈에는 54.6이라는 숫자가 들어온다. 54.6명당 한 박스를 판다는 것이 살짝 아쉽다. 만약 40명당 한 박스를 팔 수 있다면 어떨까? 1박스 판매당 광고비가 5,720원으로 줄어들어서 순수익이 7,280원으로 늘어난다. 그러면 오전 광고로 번 총 순수익이 14만 원이 아니라 19만 6,000원이 된다.

순수익이 좀 더 늘었다고 만족하지 말고 이 상태에서 또 테스트를 해야 한다. 이렇게 세팅된 광고는 놔두고 새로 테스트를 하는 것이다. 참고로 기존 광고를 놔두는 이유는 이미 순수익이 들어오고 있는 광고를 건드렸다가 자칫하면 악화될 수 있기 때문이다.

새로 테스트를 하는 목표는 바로 '구매 전환'을 높이는 것이다. 그렇다면 다음 3가지 단계에서 무엇을 건드려야 할까?

**1단계** 상품 선택

**2단계** 노출

**3단계** 구매 전환

당연히 3단계 구매 전환이다. 주의할 것은 여기서 광고 세팅을 바꾸는 행위는 절대 하면 안 된다. 누가 그러겠나 싶겠지만 많은 사람이 단계 나누는 것을 제대로 하지 못해 해당 단계에 맞지 않는 행위를 하곤 한다. 그냥 단순하게 생각해라. 3단계를 수정하는 것이다. 물론 타깃을 정밀하게 했을 때 구매 전환이 더 잘되는 것은 있지만 그것에 관해서는 나중에 알아보기로 하고, 지금은 단순한 것부터 테스트한다는 것만 기억하자.

자, 그렇다면 3단계 구매 전환에 영향을 미치는 것은 무언가?

① 상품 자체
② 소식 페이지 내용

지금 상태에서 상품 자체는 바꿀 수 없으니 ② 소식 페이지 내용을 바꿔서 테스트해 본다. 이미 팔리는 광고가 하나 있으니 거침없이 해도 된다. 수시로 성공한 광고의 광고비를 높이는 작업도 해야 한다. 일단 수익은 보장되어 있으니 거침없이 테스트를 하는 것이다. 물론 나름대로의 기준은 필요하다. 나는 한 번의 테스트에 2만 원 이상은 '손해' 보지 않는다. 2만 원 이상을 쓰지 않는다는 것이 아니라 100만 원을 쓰더라도 2만 원 이상 손해 보면 그 테스트는 중단한다는 뜻이다.

누군가는 CPC 143원이 아쉽다고 할 수도 있다. 실제로 한 수강생은 CPC에 굉장히 민감해서 110원 이상은 절대 쓰지 않는다고 했다. 그런 수강생에게 143원은 너무 큰 수치로 보일 것이다. 그렇다면 어떤 걸 수정하는 테스트를 해 보면 좋을까?

① 상품 선택
② 노출

③ 구매 전환

그렇다. 당연히 ② 노출을 수정해야 한다. 그렇다면 노출에 영향을 미치는 것은 무엇인가?

① 상품 자체
② 타깃
③ 후킹

이 3가지를 바꿔 보는 테스트를 할 수 있다. 물론 지금 ① 상품 자체는 바꿀 수 없으니 ② 타깃과 ③ 후킹을 바꿔서 테스트해 볼 수 있다.

이렇게 장사하는 사람들은 끊임없이 테스트를 한다. 물론 나처럼 전업 장사꾼이 되면 테스트가 돈이 된다는 걸 알기 때문에 거침없이 진행하지만, 초보자들은 테스트 하나하나에 감정을 쏟고 두려워한다. 나에게 1:1 컨설팅만 받으면 다 되는 줄 아는 수강생들에게 나는 이렇게 말한다.

"그 돈으로 테스트를 해라. 이미 방법은 강의에 다 나와 있다."

## 성과보고서를 활용하라

전문가모드를 사용하고 있다면 성과보고서를 볼 수 있다. 성과보고서는 테스트를 해 보는 데도 아주 유용하고, 나중에 설명할 가지치기와 광고비 올리는 부분에서도 유효하다. 지금부터 성과보고서에 대해 설명하겠다.

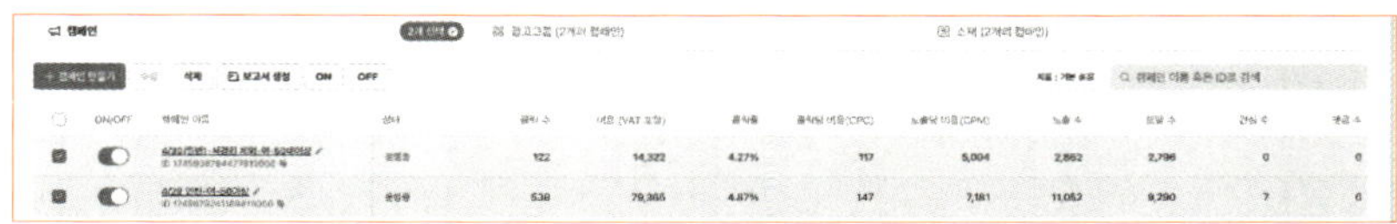



광고계정에 들어가서 보고서 형태로 보고 싶은 광고를 클릭하자. 하나만 클릭해도 되고 여러 개를 동시에 클릭해서 볼 수도 있다. 캠페인에서 하나를 선택하면 캠페인 안에 있는 광고그룹은 전부 한 번에 체크가 된다. 보고서를 보고 싶은 광고들을 선택하고 '보고서 생성'을 눌러 준다.

그럼 다음과 같은 화면이 나온다. 여기서부터는 사실 글로 설명한다고 바로 이해가 되는 부분이 아니라 직접 다루면서 검토해 보는 것이 중요하다. 엑셀로도 다운로드가 가능하다. 엑셀에 능숙한 사람들은 다양한 기능을 활용해서 본인의 광고를 분석하기도 한다.

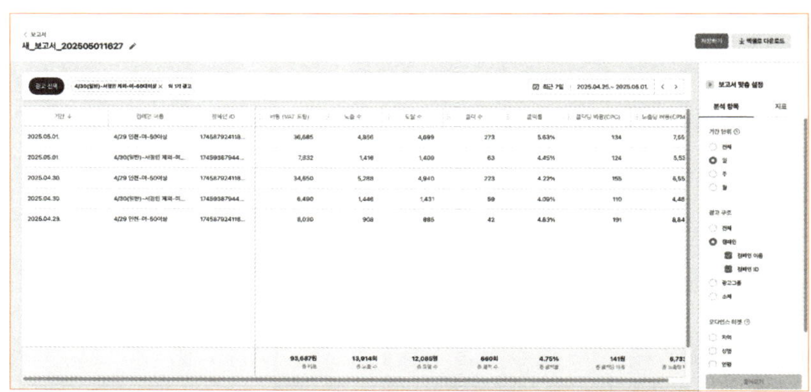

여기서는 내가 이것을 어떻게 사용하는지에 초점을 맞춰 설명하겠다. 다시 말하지만 글로 설명되는 부분이 아니니 직접 다뤄 보기 바란다. 이것을 잘못 다룬다고 광고 세팅이 변할 일은 절대 없으니 이것저것 다뤄 보자.



···▸ 당근비즈니스 '전문가모드' 보고서 맞춤 설정 화면

오른쪽에 있는 항목을 바꾸고 '불러오기'를 누르면 그 수치에 맞게 바뀐다. 나는 기간 단위는 '일'로 보고, 광고 구조는 따로 건드리지 않는다. 그리고 오디언스 타깃만 수정을 한다.

⋯▸ **당근비즈니스 '전문가모드' 보고서의 지역 및 세부 설정 화면**

'지역'은 중복 선택이 안 된다. 그래서 지역은 따로 보거나 아니면 광고를 돌릴 때 애초에 '지역'을 나눠서 광고를 집행한다.

중복 체크는 2개까지 가능한데, 보통 성별-연령-시간대를 보고 싶어 할 것이다. 나는 이미 광고에서 성별을 나눴기 때문에 좀 더 면밀하게 볼 수 있는 '연령'과 '시간대'를 체크한다.



⋯▸ **당근비즈니스 '전문가모드' 보고서의 연령과 시간대 선택 화면**

그다음에는 지표로 넘어와서 기본 지표를 체크하는데 나는 '클릭 수'와 '클릭당 비용(CPC)'을 주로 체크한다. 클릭률은 이미 보고서를 보기 전에 계속 보던 수치이기에 따로 체크하지 않을 때도 있지만 만약에 여러 광고를 함께 테스트해 볼 때는 체크해서 분석하는 편이다.

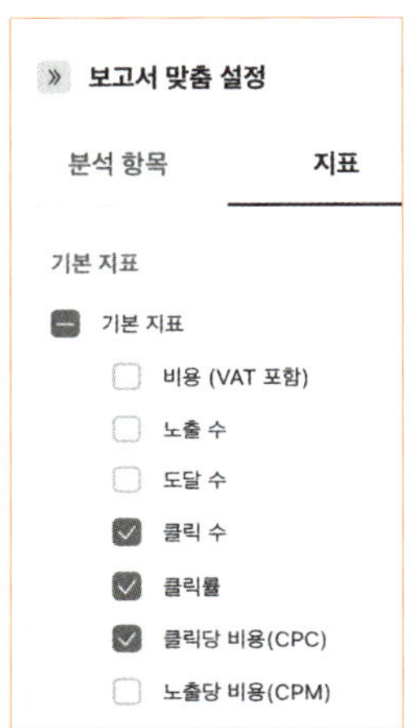



→ 당근비즈니스 '전문가모드' 보고서의 클릭 수, 클릭률, 클릭당 비용 선택 화면

그다음에는 아래로 내려와서 '내부 전환 지표'에서 '전화 문의 수'와 '채팅 문의 수'를 체크하고, 그 아래 '외부 전환 지표'에서 '구매 수'를 체크한다. '단골 수'를 체크하지 않는 이유는 광고를 돌리면서 단골을 모으는 것은 부가적인 것이지 수익에 절대적으로 연결되는 것은 아니라고 보기 때문이다. '외부 전환 지표'에서 '구매 수'를 연결하는 것은 소식 페이지에 '쿠폰'이 아니라 '상품'을 연결하는 경우 때문인데 그렇지 않다면 해제해도 상관없다.

만약 여러분이 에어컨 설치나 소파 청소 등의 서비스업을 하고 있다면 아래 '서비스 신청 수' 등 여러 가지 지표를 함께 설정해도 좋을 것이다. 계

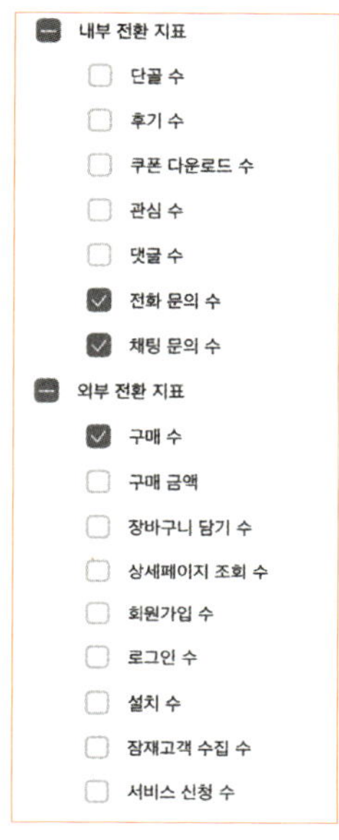



⋯ 당근비즈니스 '전문가모드' 보고서의
내부/외브 전환 지표 선택 화면

속 말하지만 이 '보고서'는 직접 해 보는 것이 중요하다.

자신에게 필요한 것들을 설정한 뒤 아러 '불러오기'를 눌러 보자.

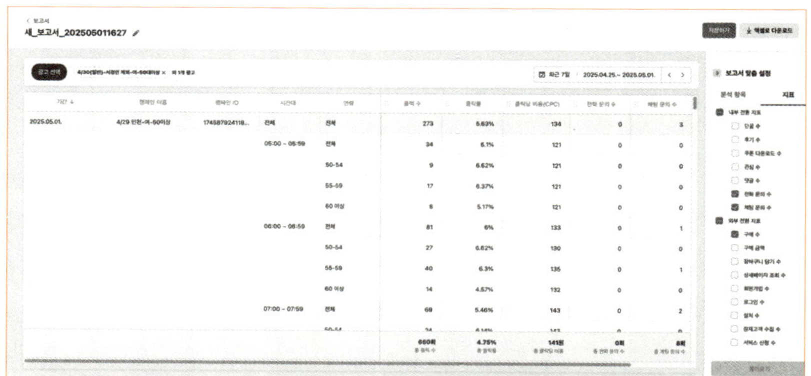

⋯ 당근비즈니스 '전문가모드' 보고서 설정 후 불러오기한 화면

그럼 이렇게 디테일하게 나눠진 수치를 볼 수 있다. 엑셀로 다운로드할 수도 있다. 정확히 어느 연령대가 구매를 하는지, 어느 시간대에 구매를 많이 하는지 등을 분석할 수 있어서 무척 유용하니 이 보고서를 사용하는 방법을 정확히 알아두자.

광고는 정확한 유효 타깃을 아는 게 중요하다. 내가 보고서를 활용하는 마지막 방법을 공유하자면, 나는 반드시 내 눈으로 분석을 한 후에 수치가 많은 경우 꼭 챗GPT를 활용해 본다. 먼저 챗GPT에 접속해서 다음과 같이 명령한다.



···▶ **챗GPT에 당근비즈니스 보고서의 정보 분석을 요구한 화면**

그리고 보고서에서 다운받은 엑셀을 입력하면 챗GPT가 다음과 같이 분석해 준다.

데이터를 확인했어요. 각 시간대별, 연령대별로 클릭 수와 전화 문의 수, 채팅 문의 수, 그리고 구매 수(=전화 문의 수 + 채팅 문의 수)가 나와 있네요. 이제 이 데이터를 바탕으로 최고의 타겟(연령대)과 시간대를 분석해볼게요.

1. '구매 수'를 기준으로 우선순위 타겟과 시간대를 정리하고,

2. 각 우선순위에 대한 근거도 함께 제공하겠습니다.

바로 분석해볼게요. [>-]

광고 성과 데이터를 분석한 결과, '전화 문의 수 + 채팅 문의 수'를 기준으로 가장 구매 전환이 잘 된 타겟과 시간대 조합 Top 3는 다음과 같아요:

☑ **1순위 타겟**

- 연령대: 55–59세
- 시간대: 10:00~10:59



이렇게 하면 수치를 좀 더 쉽게 텍스트의 형태로 풀이해서 볼 수 있다. 다시 말하지만 나는 눈으로 직접 확인한 후에 수치가 너무 많은 경우에만 챗GPT에 맡긴다.

# 하루 광고 목표
# 100만 원 시스템 만들기

## 가지치기와 매출 증대 전략

가지치기라는 것은 '효율이 없는 타깃'을 쳐내고 '효율이 높은 타깃'에 집중하는 것을 말한다. 이 가지치기 단계까지 가려면 '상품이 성공'한 상태여야하는데 내 기준으로 상품의 성공 단계는 100% 마진이 남는 것을 의미한다. 마케팅 업체나 일부 컨설턴트가 가지치기만 하면 마이너스였던 상품이 플러스로 변한다는 듯이 말하는데 틀린 말은 아니다.

하지만 가지치기에만 의존해서는 절대 성공할 수 없다. 당근마켓은 애초에 시장 자체가 네이버 스마트스토어나 쿠팡처럼 크지 않다. 가지치기를 통해 정말 효율 좋은 타깃만 살려 놓은들 내가 판매를 할 수 있는 타깃 자체가 너무 줄어들면 당근마켓의 매력인 '계곡에서 백숙' 파는 판매 재미를 보지 못할 수도 있다. 그러니 꼭 명심하자. 가지치기는 광고를 통한 상품의 성공, 다시 말하자면 마진이 남은 후에 마진을 더 높이기 위한 행위이지 마이너스를 플러스로 만들어 주는 행위가 아니다.

| 클릭 수 | 비용 (VAT 포함) | 클릭률 | 클릭당 비용(CPC) |
| --- | --- | --- | --- |
| 701 | 92,532 | 4.35% | 132 |



내 수강생의 수치이다. 채팅 문의로 구매자는 6명이었다. 대충 계산해도 마이너스처럼 보인다. 하지만 실제로는 1인당 1박스만 산 것이 아니라 여러 박스를 구매해서 마이너스는 아니고 '똔똔' 정도가 나왔다고 한다.

나는 '똔똔' 정도면 가지치기를 해 볼만 하다고 생각하는데 채팅 문의가 6명밖에 되지 않은 것은 문제라고 본다. 심지어 이분은 배에서 잡은 물고기를 경매장에 가기 전에 구매해 오는 분이라 마진도 많이 남는 상태였다.

계산을 해 보면 하나 팔 때 광고비로 15,312원이 들어간 셈이다.

$$701 / 6 = 116$$
$$132원 × 116 = 15,312원$$

실제로 11박스가 팔렸다고 했으니 701 / 11 = 63으로 계산해야 맞겠지만, 나는 수치는 보수적으로 보는 게 좋다그 생각하는 편이어서 116으로 보겠다.

아쉽지만 116이라면 구매 전환이 너무 낮다. 이런 상황이면 상세페이지를 심도 깊게 수정해 보아야 한다. 마이너스 상태이기 때문에 가지치기는 이르다고 보지만, 이분은 광고를 너무 투박하게 돌렸다. 광고 최적화만 믿고 너무 넓은 연령의 여성에게 광고를 돌린 것이다. 게다가 마진이 '똔똔'이 나왔다고 하니 '가지치기'와 '소식 페이지'를 수정해서 결과를 지켜보는 것이 정답이다. 소식 페이지를 수정하는 것은 앞서 여러 번 말했으니 여기에서는 가지치기를 하는 방법을 살펴보자. 보고서를 발급해서 세팅한 후의 수치를 보자.

| 연령 | 클릭 수 | 전화 문의 수 | 채팅 문의 수 |
|---|---|---|---|
| 전체 | 246 | 0 | 3 |
| 40-44 | 4 | 0 | 0 |
| 45-49 | 10 | 0 | 0 |
| 50-54 | 47 | 0 | 0 |
| 55-59 | 116 | 0 | 3 |
| 60 이상 | 69 | 0 | 0 |
| 전체 | 172 | 0 | 1 |
| 45-49 | 3 | 0 | 0 |
| 50-54 | 22 | 0 | 0 |
| 55-59 | 80 | 0 | 0 |
| 60 이상 | 67 | 0 | 1 |

··· 당근비즈니스 '전문가모드'의 클릭 수 대비 채팅 문의 수 비교 화면

쉽게 보기 위해서 시간대는 제외하고 연령으로만 보고서를 세팅했다. 그러면 바로 볼 수 있는 것이 있다. 바로 40세부터 54세까지는 채팅도 적지

만 채팅 문의, 즉 구매 전환 자체가 없다는 걸 볼 수 있다. 물론 수치가 적어서 일반화하기는 어렵지만 클릭 수도 적은 걸 보면 확실히 55세 이하의 사람들에게는 전혀 반응이 없다는 것을 알 수 있다.

그렇다면 만약 이 광고 세팅을 바꿔서 55세 이후만 타깃으로 광고 세팅을 했다면 21,912원을 아낄 수 있게 된다

> (4 + 10 + 47 + 3 + 22 + 80)(40세부터 54세까지 전체 클릭 수) × 132원(CPC) = 21,912원(아낄 수 있는 금액)

이게 가지치기이다. 이 사장님은 손해 본 것도, 이득 본 것도 없는 '똔똔'이라고 했으니 사실상 2만 원 정도를 수익으로 볼 수 있다. 그렇다면 시간대도 한 번 보자.

| 전체 | 701 | 0 | 5 |
|---|---|---|---|
| 09:00 ~ 09:59 | 396 | 0 | 1 |
| 10:00 ~ 10:59 | 200 | 0 | 3 |
| 11:00 ~ 11:59 | 26 | 0 | 0 |
| 12:00 ~ 12:59 | 31 | 0 | 0 |
| 13:00 ~ 13:59 | 16 | 0 | 0 |
| 14:00 ~ 14:59 | 14 | 0 | 0 |
| 15:00 ~ 15:59 | 7 | 0 | 0 |
| 16:00 ~ 16:59 | 8 | 0 | 1 |
| 17:00 ~ 17:59 | 3 | 0 | 0 |

···→ 당근비즈니스 '전문가모드'의 시간대별 클릭 수 대비 채팅 문의 수 비교 화면

오전 시간에 압도적으로 채팅과 문의가 많이 온다는 것을 알 수 있다. 그렇다면 이 광고는 오후 시간은 가지치기하듯이 쳐낼 수 있다는 뜻이다. 이렇게 하면 몇만 원을 절약할 수 있다. 물론 여기서는 아까 연령대의 수치와 겹칠 수 있기 때문에 계산하지는 않겠지만, 확연히 눈에 보이는 시간대가 있으니 그 시간대를 빼고 광고를 집행하는 것이다.

이렇게 광고를 더 날카롭게 만드는 것을 가지치기라고 한다. 이제 지역을 살펴보자.

| 지역(도/특별시/광역시) | 클릭 수 | 전화 문의 수 | 채팅 문의 수 |
|---|---|---|---|
| 서울특별시 | 62 | 0 | 1 |
| 대전광역시 | 18 | 0 | 0 |
| 울산광역시 | 26 | 0 | 0 |
| 세종특별자치시 | 4 | 0 | 0 |
| 경기도 | 176 | 0 | 2 |
| 강원특별자치도 | 25 | 0 | 0 |
| 충청북도 | 38 | 0 | 1 |
| 충청남도 | 37 | 0 | 0 |
| 전라북도 | 18 | 0 | 0 |
| 전라남도 | 46 | 0 | 0 |
| 경상북도 | 42 | 0 | 0 |
|  | 1,626회 | 0회 | 11회 |

⋯▸ **당근비즈니스 '전문가모드'의 지역별 클릭 수 대비 채팅 문의 수 비교 화면**

사실 나는 지역을 나눌 때 서울과 서울이 아닌 지역으로 나눠서 본다. 왜냐하면 광고비를 세팅할 때도 '서울'만 들어갔다 하면 가격이 너무 비싸지고, 내가 매력적인 새 상품을 만들어서 '서울' 혹은 '경기', '인천'에서 성공하면 금세 따라하는 사람이 생기기 때문이다. 그래서 나는 서울에서도 좋은 효과가 나왔느냐 아니냐를 확인한 뒤 서울을 광고에 포함할지 말지를 따로 결정한다. 하지만 여러분의 물건이 지역적 특색을 타는 물건이라면 이런 지역 수치도 자세히 보면 좋을 것이다.

### → 늘리는 대로 돈이 된다.

나와 오랜 인연을 맺고 있는 수강생이 있다. 이 장 뒤에 성공 사례로 소개한 50대 주부인데 개인적으로도 좋아하고 존경하는 분이다. 이분은 내 강의를 6회독 이상 했을 정도로 '온라인 장사'는 문외한이셨다. 강의를 6번 보니 비로소 이해가 된다고 하셨다. 이분은 내 강의 초창기부터 시작해서 거의 10개월 만에 성공했다. 성공 2주 만에 그때까지 쓴 돈을 다 회수할 정도로 잘되었다.

사실 나는 이분이 사업을 성공하기 전어 처음으로 예외적인 제안을 했다.

"저한테 돈 내고 컨설팅 한 번만 받으세요."

나는 기본적으로는 컨설팅보다 테스트를 해 보는 게 좋다고 생각하는데 이분은 나와 컨설팅을 한 번만 해도 성공할 수 있을 것 같았다. 바로 이 채팅을 보고 느꼈다.

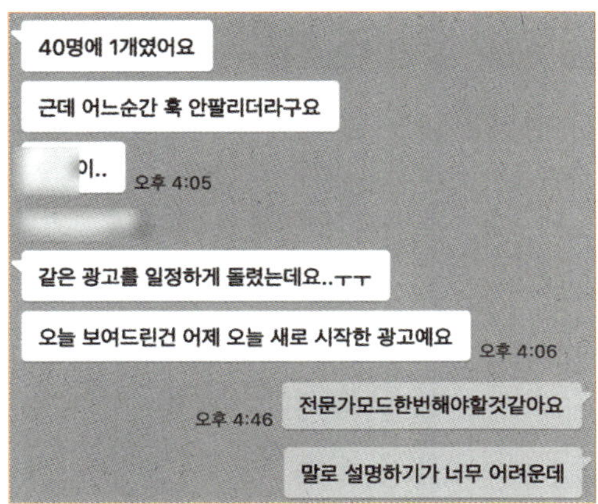


··· 수강생과 주고받은 클릭 수 대비 구매 전환 수 관련 채팅 화면

어떤 걸 보고 내가 컨설팅을 권유하게 된 걸까? 바로 40명에 1개라는 부분이다. 즉 40명이 들어와서 볼 때마다 내 물건 1개가 팔린다는 것이다. 마진이 많이 남는 물건이었고, 잘돼서 ODM 작업까지 한다면 원래도 많이 남는 마진에 1만 원은 추가로 마진이 붙을 상황이었다.

그렇다면 이분의 문제는 무엇이었을까? 문제는 40명당 1명이 사는데도 불구하고 광고가 불안정하고 잘 늘어나지 않는다는 것이었다. 그렇다면 정답은? 간단했다. 안정적인 광고를 세팅해서 확! 늘리는 것, 그러니까 광고비를 늘리는 작업을 하는 것이었다. 어차피 가지치기나 광고 분석은 잘되어 있으니 내 입장에서는 늘리는 것만 도와주면 되었다.

아니, 그렇다면 광고비를 늘릴 때 그냥 금액만 늘리면 되는 것이 아니란 말인가? 그렇다. 정말 아쉽게도 여기서 전문가모드와 간편모드의 차이가 있다. 간편모드는 광고비를 늘리는 대로 대체로 소진되지만, 전문가모드는 노출이 제한되는 경우가 굉장히 많다. 그러니 40:1로 판매가 된다 한들 10

만 원, 100만 원으로 늘리지 못한다면 재기를 보기 어려운 것이다.

그럼 어떻게 광고비를 늘릴 수 있는가? 일단 해 볼 수 있는 것은 정말 정석대로 광고비를 늘리는 것이다. 그렇게 해서 늘어나면 말 그대로 '개꿀!'이다. 그대로 늘려서 집행해 나가면 된다.

하지만 이 사장님처럼 증액 세팅이 잘 안 된다면 어떻게 해야 할까? 정답은 세팅을 바꿔 보는 것이다. 여기서 광고 로직 이야기를 할 수밖에 없는데, 광고는 의도적으로 로직을 바꾸는 것이 아니라 광고 타깃이 과열되거나 한쪽에 너무 몰리는 것을 싫어한다. 그래서 광고 세팅법에 따라 광고의 노출이 변하곤 한다. 그러니까 어떨 때는 A로 세팅했을 때 광고가 노출이 잘되는데, 어떨 때는 A는 전혀 돌지 않고 B가 잘 돌기도 한다는 것이다.

이걸 두고 흔히 마케터를 자칭하는 사람들이나 장사를 컴퓨터 기술이라고 여기는 사람들이 '알고리즘을 파악했네.', '로직을 발견했네.' 하면서 비밀인 양 떠들어댄다. 하지만 이렇게 좋은 광고 세팅이라고 해도 구매 전환을 책임져 주지는 않는다. 광고 로직을 배운다고 장사가 잘되지 않는다는 것이다. 다만 잘되는 물건의 노출을 더 극대화해 주는 요소만 있을 뿐이다.

그렇다면 장사를 잘하는 사람들은 이런 로직을 다 이해하고 있단 말인가? 전혀 그렇지 않다. 어려운 용어를 떠드는 사람들과 달리 진짜 장사로 먹고사는 사람들은 장사가 잘 안 되면 그냥 광고 세팅을 바꿔 보고, 후킹 문구를 바꿔 보는 작업을 한다. 왜냐하면 알고리즘이라고 해 봤자 어차피 다음 4가지 경우 중 하나이기 때문이다

① 적은 타깃, 적은 금액

② 넓은 타깃, 높은 금액

③ 적은 타깃, 높은 금액

④ 넓은 타깃, 적은 금액

광고 효율이 떨어졌거나 노출이 잘 안 될 경우에는 광고 세팅을 바꿔 보기도 하고, 후킹 문구와 이미지를 바꿔서 광고의 신선도를 높여 보기도 하는 것이 정답이다. 실제로 당근마켓은 공식적으로 광고의 신선도를 본다고 했다.

그럼 나는 지금 어떻게 광고 세팅을 하고 있냐고? 로직이 어떠냐고?

그건 비밀도 아니다. 누구나 테스트를 하면 발견하게 되는 것이고, 이걸 비밀이라면서 큰돈을 요구하는 업체들은 사기꾼일 게 뻔하다.

나는 지금 ② 넓은 타깃, 높은 금액을 실행하고 있고 꽤 잘되고 있다. 특히 높은 금액 부분을 엄청나게 높여 보았다. 하루 광고비를 300만 원까지 높였다. 어차피 전문가모드는 300만 원으로 세팅해 놓아도 300만 원을 반드시 충전해 놔야 하는 것도 아니고, 자동 충전을 해 놓으면 광고가 집행되는 것에는 전혀 문제가 없기 때문에 이렇게 해 놓았다.


## 왜 채팅만 하고 사질 않을까?

당근마켓을 시작하고 가장 쾌락을 느낄 때가 "당근! 당근! 당근!" 소리가 미친 듯이 울려댈 때이다. 특히 상품에 성공하고 광고비를 늘리는 작업을 할 때는 다른 일을 할 수가 없을 정도로 주문이 밀려오기도 한다. 마치 잘되는 식당에 가면 "배달의민족 주문!" 소리가 끊임없이 나는 것처럼 "당근!" 소리가 정말 미친 듯이 울려댄다. 그럼 속으로 이런 생각을 한다. '아! 됐다! 이 물건은 성공이다!' 특히 당근마켓에서는 한 물건의 성공이 꽤나 오랫동안 지속되기에 이건 그냥 단순히 매출이 좀 오른 정도의 기쁨이 아니다. 하지만 여기서도 실패하는 사람들이 있다. 딱 두 부류이다.

### → 첫째, '상품의 성공' 없이 광고비만 올리는 사람

장사꾼은 돈을 벌어야 한다. 클릭률이며 구매 전환율이며 CPC며 전부 다 그냥 장사를 위한 수치에 불과하다. 결국은 '돈'이다. 그렇기에 광고비를 올리기 전 단계인 '상품의 성공'은 여러 차례 말해 온 것처럼 '마진이 남는가?'를 따져야 한다.

이 당연하고 간단해 보이는 게 사실 초보자들에게는 쉽지 않을 때가 있다. 왜냐하면 광고비는 미리 충전한 후에 사용하는 식이라 내 광고비가 얼마나 나갔는지 기민하게 평가하지 못하기 때문이다. 물론 사용하는 금액은 수치로 표현되기에 전혀 어렵지 않게 체크할 수 있다. 하지만 광고비를 충전하기 위해 입금할 때는 돈이 아깝게 느껴지지만 한 번 충전하고 나면 수치로만 보이지 돈으로 보이지 않는다. 그래서 그냥 판매된다는 기쁨에 광고비를 확 늘려 버리게 된다. 혹은 판매가 되지 않더라도 세팅한 뒤 제대로 보지 못하고 돈만 날리는 경우도 있다.

솔직히 말해서 이런 경우들은 내 강의를 제대로 학습하지 않았기 때문이다. 나는 이런 일을 방지하고자 초보자일수록 애초에 당근마켓 광고비를 큰 단위로 입금하는 것을 추천하지 않는다. 여러 사업체를 운영하는 사람일지라도 처음 세팅할 때는 최대한 낮게 운영했으면 한다. 돈을 잃지 않기 위해서가 아니라 수치를 제대로 보기 위해서 말이다.

당근마켓에는 2가지 구매 방법이 있다. 채팅을 통하는 경우와 상품을 카드로 바로 결제하는 경우이다. 카드로 바로 결제하는 경우는 장사가 어느 정도 자동화되기 때문에 장점이 있지만 아직 당근마켓은 채팅으로 인한 구매 전환이 많다. 당근마켓 플랫폼 특성상 고객들이 판매자와 대화를 통해 구매하는 것이 익숙한 듯하다.

그런데 나도 믿기 어려웠던 것이 하나 있다. 어떤 사람은 10명에게 채팅이 들어오면 10명 다 판매를 하는데, 어떤 사람은 10명 채팅이 들어오면 5명만 간신히 판매한다는 것이다. 처음에 나는 그 이유가 답장하는 속도에 달려 있다고 생각했다. 특히 과일의 경우 한 번 그 상품을 선택하고 나면 그 고객의 알고리즘이 과일로 바뀌기 때문에 답변이 느릴 경우 다른 광고를 쉽게 보게 되고 더 저렴한 상품으로 갈아탈 확률이 있다. 그래서 나는 채팅에서 구매 전환으로 연결이 안 되는 건 100% 답변 속도라고 생각했다.

하지만 10명 중 5명밖에 구매 전환을 못 시키는 사람들도 꽤나 빠르게 답변을 하고 있었다. 그중 한 명은 심지어 본업이 온라인 장사라서 하루 종일 컴퓨터를 보고 있었다. 물론 다른 이유도 있긴 했다. 특히 새벽 시간대에는 고객들이 구매하겠다고 채팅을 하고는 잊어버리는 경우도 많았다.

두 경우의 차이에 대해 고민한 끝에 한 가지 결론을 내게 되었는데 연령대가 높은 층일 경우 채팅만 하고 안 산다는 것이었다. 그런데 나름대로 결론을 지었지만 썩 탐탁지 않았다. 10명 중 10명 전부에게 판매하는 사장님들도 주 타깃이 55세 이후였기 때문이다.

그러다가 마침내 그 이유를 찾았다. 어떻게 찾았냐고? 구매 전환이 낮은, 10명당 5명밖에 판매를 하지 못하는 사장님의 물건을 내가 직접 구매해

보고 알게 되었다. 정답은 '친절함'이었다

　나는 50대 이후를 타깃으로 할 때는 특히 친절하게 고객을 응대하는 게 중요하다고 생각한다. 하지만 이건 강의에서 다루지 않았다. 왜냐하면 너무 당연한 것이기 때문이었다. 그렇지 않은가? 우리가 한 고객을 내 가게에 들어오게 하기 위해서 얼마나 많은 광고비를 쓰는가? 게다가 고객이 구매를 하려고 채팅까지 했다면 그 고객을 잃지 않기 위해 최대한 친절하게 행동하고, 그 친절을 매뉴얼화해 놓는 것은 아주 당연한 것이다.

　상황을 바꿔서 생각해 보자. 우리가 식당을 하고 있는데 고객들이 들어온다. 지갑까지 열고 카드를 내려고 하는 사람들이다. 근데 그 고객들을 다 놓치고 있는 것이다. 판매 차이를 낸 두 경우를 비교해 보자.

　구매 전환이 잘 안 되는 분이 나에게 그 이유를 모르겠다며 본인과 고객의 채팅 내역을 보여 주었다. 답변도 바로 했고 불친절하다고 볼 수도 없었

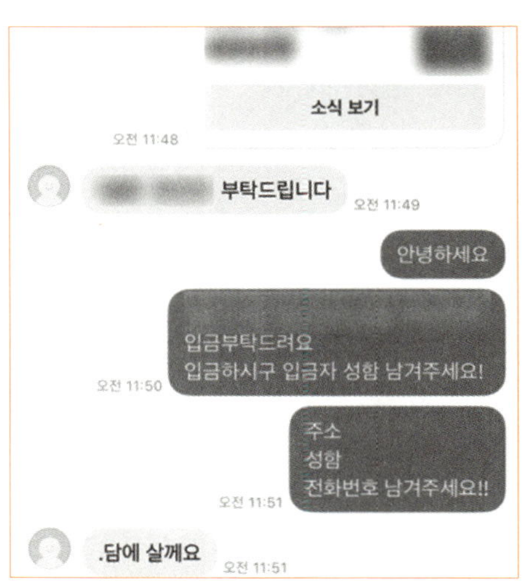


⋯ 고객응대 화면(나쁜 사례)

다. 진짜 잘 안 되는 사장님들의 채팅을 보면 답변이 불친절해 보이는 경우도 있는데 이분은 그렇지 않았다. 그렇다면 뭐가 문제인 걸까? 아니 문제가 있기는 한 걸까?

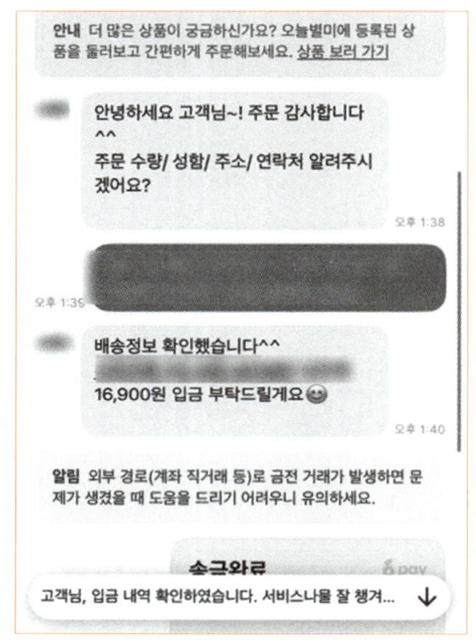


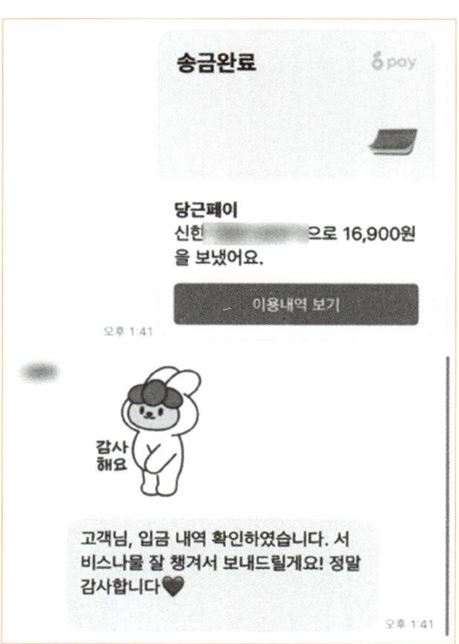


⋯ 고객응대 화면(좋은 사례)

반면에 1명의 고객도 놓치지 않는 사장님의 채팅 내역이다. 두 경우 다 친절함에는 문제가 없어 보인다. 뭐가 문제일까? 내가 가장 크게 느꼈던 것은 잘되는 업체는 고객과 대화를 주고받는 것에 거리낌이 없었다. 바로 입금하고 알려 달라고 계좌번호를 전달하는 것이 아니라 고객에게 먼저 '이름과 주소' 등을 물어보고 답변이 오면 거기에 맞춰서 계좌를 요구했다. 고객에게는 이것이 소통으로 느껴진다는 것이었다.

채팅에서 구매로 잘 이어지지 않는 이유를 다시 한 번 정리해 보자.

① **시점 :** 오전이나 너무 늦은 저녁 혹은 금요일처럼 다음 날 배송을 받을 수 없을 때는 구매 전환율이 낮다.

② **연령대 :** 30대 분들이 50대 분들보다 채팅 없이 바로 구매로 이어지는 경우가 많다.

③ **친절함(소통) :** 특히 50대 이후 분들의 경우 기계적으로 딱딱하게 계좌를 주고받는 것보다 친절하게 소통하는 것이 의미가 있다.

물론 이게 끝이 아닐 수 있다. 정말 TV에 나오는 '고객 응대의 신' 같은 분들은 나를 보고 비웃을지도 모른다. 하-지만 나는 마케터가 아닌 '찐' 장사꾼이고 내가 장사를 하면서 쌓은 내공을 전달할 뿐이다. 이 책을 보고 있는 여러분도 자기만의 판매 내공이 있다면 그 이야기를 공유할 수 있는 자리를 만들어 보고 싶다.

# 평생 고객을 만드는
# 고객 관리 방법

여러분도 다음과 같은 생각을 가끔 하지 않는가?

'아, 2년 전에 뭘 안다고 그렇게 잘난 척했지?'

'아, 사회초년생 때는 아무것도 몰랐는데, 엄청 아는 척하고 다녔네?'

나는 이런 감정을 느끼는 내가 부끄럽지 않다. 다양한 경험을 하다 보니 이런 감정을 느끼는 사람들은 하나같이 전부 '발전'하고 있는 사람들이라는 것을 알게 되었다.

내가 처음 당근마켓 강의를 시작했던 10개월 전을 돌아보면 지금과 다르게 느껴지는 부분들이 있다.

'아, 저때 생각과 지금 다른데….'

'이건 더 좋은 방법이 있는데….'

그래서 기존 수강생들을 대상으로 대월 '월간 일평'이라는 이름으로 라이브를 하거나 추가 강의를 촬영하여 업로드한다. 나는 '당근마켓계의 신사임당'이 되기 위해서 강의에 항상 '최신의 정보'를 담는 것을 목표로 한다.

바로 지금부터 이야기할 내용이 '아, 그때는 이걸 몰랐네!' 하는 부분이다. 나도 지난해 말부터 중요성을 느끼고 시행하고 있는 부분이다.

예전의 나는 항상 '열심히 상품을 찾아서 광고를 돌려서 많이 파는 것'이 목표였다. 그 이상의 목표는 없었다. 하지만 지금의 나는 '열심히 상품을 찾아서 광고를 돌려서 많이 팔고, 그 고객이 또 재구매하게 하는 것'을 목표로 한다.

별거 아니라고? 너무 원론적인 이야기처럼 들리는가? 하지만 이 별거 아닌 원론적인 이야기가 매출을 몇 배는 더 뛰게 했다. 그러니까 예전에는 1명의 고객에게 1개의 물건을 판매하고, 어쩌다가 재구매를 받을 수 있는 기회를 노리는 게 목표였다면, 지금의 나는 1명의 고객에게 10개, 20개의 물건을 팔 수 있는 시스템을 만들어 나가고 있다.

2025년 설날에는 정말 바빴다. 나에게 물건을 주는 위탁 업체가 하루에 2,000건 정도를 배송했는데, 그 사장님이 나중에 나에게 넌지시 말했다.

"명절 선물 세트 배송 절반은 일평사장님 거였어요."

하루 1,000건은 내가 팔았다는 것이었다. 약간 과장이 있겠지만 내가 실제로 계산해 봤을 때 가장 주문이 많았던 날이 800건이었으니, 대략 하루에 500~800박스를 명절 기간 동안 팔았다. 놀라운 것은 여기서 끝나지 않는다. 나는 명절 기간 동안 광고비를 단 한 푼도 쓰지 않았다. 그때 판매한 모든 마진은 광고비 없이 전부 다 순수익이 되었다.

당근마켓에서 고객에게 노출되는 방법은 '광고'밖에 없다고 했으면서 어떻게 고객에게 상품을 알렸을까? 바로 1명의 고객에게 10번을 파는 방법, 좀 더 알려진 용어로 말하자면 DB를 활용한 것이다. (고객 DB란 손님들에 대해 알 수 있도록 이름, 연락처, 뭘 샀는지 등을 모아 둔 정보이다.)

참고로 이때 나는 의도적으로 당근마켓에서 광고를 피했다. 명절이 다가오면 광고 기반 플랫폼의 특징상 광고비가 엄청나게 오른다. 평소에 CPC 110원이어도 문제없이 노출되던 물건이 200원으로 올려도 노출이 되지 않는다. 그뿐인가? 어쩌다 노출된다 하더라도 경쟁자들이 명절 전에 털어내기 위해 가격으로 밀어내려는 경우가 많아서 구매 전환을 만드는 것 또한 전쟁이다.

그래서 나는 명절 4개월 전부터 고객의 DB를 활용하는 법 혹은 기존 고객에게 재구매를 만드는 법을 배우기 위해 관련 있는 특강은 모두 다 듣고, 유명한 마케팅 책도 읽으며 고객 DB 활용 전략을 세웠다. (참고로 말하자면 한국에서 하는 특강은 전부 본인의 마케팅 회사 홍보 수단이라 실속 있는 내용이 거의 없었고, 마케팅 책에서 은근히 내가 몰랐던 정보를 많이 알게 되었다.)

이 고객 DB 활용에 관한 내용은 책으로 전달하기에 무리가 있다. 강의를 들으라는 것도 아니다. 실제로 이 부분은 아직 내 강의에도 추가되어 있지 않다. 그 이유는 이 책을 보는 사람들, 내 강의를 듣는 사람들은 대부분 판매자이기 전에 고객이고, 그들은 본인의 DB를 판매자가 활용한다는 사실 자체를 싫어하고 법적인 것을 운운하며 문제 삼을 수 있기 때문이다.

게다가 이 책은 당근마켓 비즈니스에 관한 책이기에 그 이야기를 하는 것 또한 적절치 않다. 하지만 당근마켓은 DB를 활용하기에 무척 좋은 '단골'이라는 시스템을 가지고 있다. 그리고 앞서 말한 것처럼 당근마켓의 고객들은 '소통'을 굉장히 중요시한다. 그러니 고객과 소통하는 것을 통해 내 단골들을 진성 팬으로 만드는 전략을 마련해 보자.

이 책을 보는 독자들 중 고객 DB를 함부로 쓴다며 나를 비난할 사람들이 두려워 내 전략을 자세히 쓰지는 못하지만, 힌트를 주자면 나는 송장번호와 함께 고객에게 유의미한 정보를 제공하며 고객들과 친해진다.

# 50대 주부가
# 자신의 브랜드를 만들다

유튜브 「일평사장」 수강생 인터뷰

이분을 만났을 때 가장 먼저 이런 말씀을 드렸습니다.

"제가 사장님을 인터뷰하는 날이 다 오네요!"

이분을 인터뷰하게 될 줄은 상상도 하지 못했습니다. 아니 솔직히 말하면 저는 이분이 성공할 거라는 생각을 하지 못했습니다. 왜냐하면 저에게 처음에 하신 질문들이 너무 허접했거든요. 우리가 배우는 건 장사인데, 그것을 시작해 보기도 전에 기본적인 앱 사용이나 컴퓨터 같은 부분에서도 느리면 어떻게 진도를 나가겠어요?

그래도 다행히 제가 질문에 대해 모두 잘 답변해 드렸는데, 알고 보니 이분의 끈기가 당근마켓에서는 엄청난 장점이었습니다. 이 사장님은 광고 체계에 대한 이해 등 기술적인 부분은 약했지만, 정말 끈질기게 본인이 원하는 상품의 위탁처에 전화를 했습니다. 그래서 당근마켓에 굉장히 잘 어울리고 마진도 17,000원 이상 남는 물건을 독점적으로 가져올 수 있었습니다. 장사가 잘되다 보니 결국 ODM까지 하게 되면서 3만 원 후반대 물건을 2만 5,000원의 마진을 보며 팔 수 있게 되었습니다.

그 상품 ODM 작업을 할 때 공장 사장님이 "홈쇼핑에 넘기는 양보다 사장님 개인이 판매하는 양이 더 많아요."라고 하셨답니다. 지금 이 사장님은 그 물건을 자신의 브랜드로 만들어 판매하고, 그 커리어를 통해서 다른 물건도 저렴한 가격으로 받아 옵니다.

# 당근마켓에서 실패하는 사람들의 공통점

# 현실적인 목표 없이
# 시작하면 실패한다

당근마켓 강의를 시작한 지 벌써 1년이 지났다. 당근마켓의 특성상 큰 자본을 가진 사람보다 부업처럼 시작해서 성공하는 사람이 많다. 솔직히 당근마켓은 내가 시작할 때보다 더 어려워졌다. 당근마켓이라는 플랫폼 자체도 조금씩 복잡해졌고, 카테고리마다 다르겠지만 경쟁도 나름 생겼다.

그런데 재미있는 건 성공하는 사람의 비율은 비슷하다는 것이다. 오히려 강의를 처음 시작할 때보다 지금 성공 사례가 더 많이 나오고 있다. 가장 큰 이유는 내 강의에 변화가 있었다. 기존에 내가 가장 터부시하던 것은 '강의에서 쓸데없는 이야기를 하는 것'이었다.

나는 영어 강사 출신이라 강사들이 처음 '선생님' 소리를 들으면서 어쭙잖은 연예인병에 걸리는 것을 많이 보았다. 그리고 내가 온라인 장사를 처음 배울 때 창업/부업 분야 강사들은 내가 원하는 지식을 전달하는 것이 아니라 마치 철학자마냥 나에게 인생을 가르치려 했다. 대체 왜 스마트스토어 강사가 나에게 인생을 가르친단 말인가? 주식 강사가 왜 결혼은 늦게 하라느니 등의 잡소리를 한단 말인가? 나는 그게 싫었다.

그래서 나는 절대 강의에서 강의 이외의 것은 말하지 않으려고 노력했다. 그런데 확실히 성공하는 사람들은 몇 가지 특징이 있었다. 그것을 강의에서 자세히 풀고 나서부터 성공하는 수강생들의 비중이 높아졌다. 지금부터 성공하는 수강생들의 비결을 이야기해 보고자 한다. 당근마켓에 관한 이야기가 아니더라도 여러분이 온라인 장사로 성공하는 데 도움이 될 것이다.

온라인 장사는 정말 인생을 바꿔 줄 수 있는 무언가이다. 특히 나의 경우는 그랬다. 먼저 내가 종종 이야기하는 떡 사장님에 대해 살펴보자. 그분은 현재 당근마켓에서 단골이 4만 명이 넘고 네이버 스마트스토어에서는 빅파워이다. 빅파워의 수익은 어떨까?

| 등급표기 | | 필수조건 | | |
|---|---|---|---|---|
| 등급명 | 아이콘 노출 | 판매건수 | 판매금액 | 굿서비스 |
| 플래티넘 | | 100,000건 이상 | 100억원 이상 | 조건 충족 |
| 프리미엄 | | 2,000건 이상 | 6억원 이상 | 조건 충족 |
| 빅파워 | | 500건 이상 | 4천만 이상 | - |
| 파워 | | 300건 이상 | 800만원 이상 | - |
| 새싹 | - | 100건 이상 | 200만원 이상 | |
| 씨앗 | - | 100건 미만 | 200만원 미만 | |

⋯→ **네이버 스마트스토어의 매출별 등급표**

3개월 누적 기준 4,000만 원 이상 그리고 6억 원 미만인 경우를 빅파워라고 한다. 떡 사장님의 경우 월매출이 1억 원이라고 했으니 정확히 빅파워의 기준에 부합한다.

당근마켓의 단골 4만 명이라는 수치가 사실상 훨씬 훌륭하지만 당근마켓에서는 단골이 바로 수익을 의미하는 것은 아니기 때문에 직접적으로 가져올 수 있는 네이버 수치를 보여 주었다. 맨땅에서 시작해서 이 정도 수익을 낼 수 있다면 정말 훌륭한 것 아닌가?

이처럼 온라인 장사는 정말 인생을 바꿔 줄 수 있는 무언가이다. 그것만은 확실하다. 하지만 유튜브나 인터넷에서 말하는 것처럼 그렇게 쉬울까?

당연히 아니다. 제발 정신 차리자. 온라인 장사는 무슨 버튼만 누르면 되는 마법의 기술 같은 것이 아니다. 본인들만의 비법이 있다면서 그걸 몇백만 원, 많게는 몇천만 원에 파는 사람들이 있는데 절대 그런 말도 안 되는 상술에 속지 마라.

온라인 장사도 오프라인 장사와 마찬가지로 '장사'다. 그러니까 본질적으로는 시장에서 물건 파는 것과 다를 것이 없다는 거다. 그 무대를 온라인으로 옮겼을 뿐이다.

다시 말하지만 온라인 장사는 인생을 바꿀 수 있는 훌륭한 무대이다. 하지만 정신을 똑바로 차리자. 무엇보다도 현실적인 목표를 정하는 것부터 시작하자.

인스타그램 DM으로 나에게 연락을 하는 10명 중 5명은 이런 질문으로 시작한다.

"3개월 하면 얼마 벌 수 있어요?"

내 답변은 항상 "모릅니다."이다. 무책임하다고? 전문가라면서 3개월 동안 얼마 벌 수 있는지도 모르냐고? 모른다. 그걸 왜 나에게 묻는가? 3개월에 얼마를 벌고 어떤 성공을 해 낼지는 본인의 몫이다. 내가 알려 줄 수 있는 것이 아니다. 이런 질문을 하는 사람들은 백이면 백, 온라인 장사에 비트코인마냥 넣었다 뺐다 하는 기술 같은 것이 있다고 생각한다.

처음 온라인 장사를 시작할 때는 정말 막연하다. 그래서 내가 실제로 경험하며 터득한, 누군가는 엄청나게 반길, 또 다른 누군가는 엄청나게 싫어할 사실을 하나 알려 주고자 한다.

**'온라인 장사는 초기 자본금보다 초기 투자 시간이 더 중요하다.'**

온라인 장사 초기에는 큰 투자금이 오히려 엄청난 독이 되기도 한다. 더 중요한 것은 내가 초반에 투자할 수 있는 시간이다. 처음 온라인 장사를 시작한다면 딱 2가지만 계산하고 목표를 잡아 보자.


### → 첫째, 플랫폼을 완벽하게 이해하는 시간

강의를 통해 당근마켓을 이해하는 것을 추천하지만 이런 조언이 상술처럼 느껴진다면 유튜브로라도 정보를 파악해서 정확하게 이해하기 바란다. 내가 인터뷰한, 성공한 사장님들은 모두 강의를 3번 이상 보고 판매를 진행했다.


### → 둘째, 한 물건에 도전해 보는 시간

열심히 공부했다면 대충 상품을 올려 보는 것이 아니라 상품 선택부터 소식 페이지 작성, 광고 제작까지 강의에서 알려 준 내용을 모두 녹여서 상품을 올리고 홍보해 보자. 그리고 그 시간을 계산해 보자.

이렇게 플랫폼을 이해하는 시간과 한 물건에 도전해 보는 시간을 본인에게 맞춰 계산해 보자. 합쳐서 3개월이면 될 것 같은가? 1개월이면 될 것 같은가? 우선 그 목표를 잡고 그에 맞춰 진행해 보자. 의미 없는 열정은 당근마켓만 도와줄 뿐이다. 나는 아직도 내가 한 상품에 도전하는 시간을 계산해 두고 좋은 물건을 찾으면 한 주는 그 물건에만 모든 시간을 투자한다.

# 마케터가 아닌
# 장사꾼 마인드가 중요하다

온라인 장사 관련 유튜브를 보다 보면 마치 온라인 장사가 비트코인이나 주식처럼 느껴진다. 엄청나게 어려운 용어들이 범람하고 모니터를 몇 대씩 쓰면서 그래프를 하루 종일 지켜본다. 그게 장사라고 말한다. 아쉽지만 그건 여러분이 지향해야 할 장사가 아니다. 물론 나중에 관리해야 하는 상품이 많아지면 주식처럼 광고표를 봐야 할 때가 오고 그 수치들에 익숙해져야 하는 순간이 온다. 하지만 처음부터 마케터가 되어서는 안 된다. 먼저 장사꾼이 되어야 한다.

당근마켓 판매의 3단계를 다시 한 번 이야기해 보자.

**1단계** 상품 선택

**2단계** 노출

**3단계** 구매 전환

여기서 마케터들이 가장 신경 쓰는 단계는 어디일까? 당연히 2단계 노출이다. 그들의 목표는 광고를 잘 집행하여 노출이 잘되고 클릭률이 높은 광고를 만드는 것이다. 그럼 그걸로 끝일까? 마케터들에게는 그것이 끝이다. 어디까지나 그들의 영역은 약속한 광고를 잘 집행해 주고 돈을 받는 것이기 때문이다. 하지만 우리는 다르다. 우리는 물건이 판매가 되어야만 돈을 벌 수 있다. 마케터처럼 월급을 받는 사람들이 아니란 말이다.

우리가 더욱 집중해야 하는 것은 1단계 상품 선택과 3단계 구매 전환이다. 노출은 가장 기술적인 영역이다. 즉 배우면 할 수 있는 영역이다. 이 책을 읽는 독자들의 연령대가 제각각일 테니 누구나 쉽게 할 수 있다고는 함부로 말할 수 없다. 하지만 확실한 건 시간이 필요하더라도 배우면 할 수 있는 영역이라는 것이다.

하지만 상품을 선택하는 것과 고객들이 구매 전환하게 하는 것은 어떨까? 이건 정말 노력의 영역이다. 최근 50대 중후반 주부들의 성공 사례가 많이 나오고 있다. 그들이 광고를 잘 돌려서 성공했을까? 그들에게 질문 세례로 괴롭힘을 당한 경험이 있는 사람으로서 확실히 말할 수 있는데 절대 그렇지 않다. 그들은 90%의 시간을 상품을 찾고 저렴하게 구해 오는 것에 썼다. 그리고 젊은 사람들보다 당근마켓에서 많이 성공했다.

이게 말하는 게 뭘까? 노출, 즉 광고는 부가적인 것이라는 것이다. 노출은 상품 선택과 구매 전환에 에너지를 쏟았을 때 따라오는 것이다.

아쉽게도 당근마켓을 열심히 하다가 결국 떠난 20대 수강생이 있다. 그분은 넘치는 열정으로 강의를 듣고 나에게 컨설팅까지 신청했다. 광고도 정말 잘 이해했고, 상품도 정말 열심히 떼 왔다. 처음 '장'류 물건을 어렵게 구한 뒤 나에게 이렇게 말했다.

"사장님, 저 물건을 구해 오는 비결을 발견했어요. 이런 제조업 사장님들은 직접 찾아가서 말하면 잘해 주시는 것 같아요."

그러면서 본인이 그 사장님 앞에서 PPT를 했던 것까지 보여 주었다. 나는 그분의 사례를 유튜브 커뮤니티에 올렸고, 역시나 그분은 첫 번째 물건에 성공했다. 하지만 아쉬운 게 하나 있었다. 상품 가격 자체가 낮았다. 마진율은 좋았으나 상품 가격 자체가 낮으니까 광고비를 감당할 수가 없었다.

내 물건의 경우 3만 원 후반대로 광고비를 4,000~7,000원 정도 사용해도 무리가 없다. 하지만 그분의 경우 1만 원대 초반의 물건으로 마진을 정말 잘 가져와서 5,000원이 남는다고 하더라도 광고비 자체가 감당이 안 되었다. 그분은 아쉽게도 마진이 안 남아서 그 물건을 포기해야 했지만 정말 무서울 정도로 주문을 많이 받았다.

그럼 이 사장님의 다음 단계는 뭐가 될까? 당연히 새로운 물건을 찾아서 도전하는 것이다. 하지만 이분은 장사를 멈췄다. 흔히 말하는 현타가 온 것이다. 장사를 멈춘 이유를 직접 물어보지는 않았지만 다시 새로운 물건 찾기를 시작하는 것이 부담스럽게 느껴졌을 것이다.

온라인 장사를 처음 시작할 때는 그냥 컴퓨터 앞에서 수치를 입력하고 마법 같은 비밀의 프로그램을 깔면 성공하는 줄 알았겠지만 그렇지 않다. 온라인 장사도 '장사'다. 시장에서 물건 파는 장사와 본질적으로는 다를 것이 없다.

컴퓨터 앞에서 가만히 주식 투자마냥 수치를 보는 것이 아니라 상품을 찾고, 그 상품을 싸게 구매하기 위해 직접 전화하고, 소식 페이지에 어떤 내용을 넣을지 고민하는 것이 진짜 온라인 '장사'의 필승법이다.

## 🥕 장사는 돈 놓고 돈 먹기가 아니다

온라인 장사의 가장 대표적인 장점은 접근이 쉽다는 것이다. 막말로 이 책을 읽을 필요도 없다. 그냥 당장 플랫폼에 가입해서 판매할 상품을 올리면 된다. 온라인 장사는 부동산을 알아보고 상품을 계약하고 매장을 꾸미는 등 오프라인 장사에서는 기본인 일련의 과정들이 전혀 필요 없이 누구나 5분이면 시작할 수 있다.

　그렇다면 온라인 장사의 단점은 뭘까? 바로 '경쟁'이 세다는 것이다. 내가 우리 집 근처에서 오프라인으로 떡볶이 가게를 연다고 생각해 보자. 반경 3~5km 안에 내 경쟁자가 몇 명이나 있을까? 3명? 5명? 정말 많게 봐도 10명이 안 될 것이다. 하지만 온라인은 어떨까? 기본적으로 경쟁 범위는 전국 아니 상품에 따라 전 세계가 될 것이고 경쟁자는 10명? 아니 10만 명은 될 것이다.

　온라인 장사는 누구나 할 수 있다는 장점이 있는 반면에 경쟁자가 많다는 엄청난 단점도 존재한다. 그렇다면 장점을 잘 이용해서 단점을 극복하는 것이 장사의 필승법일 텐데 어떻게 해야 할까? 비싼 상세페이지에 처음부터 엄청난 광고비를 쏟아 부어서 강하게 홍보를 하는 것? 절대 아니다. 그래서 온라인 장사에서는 처음 시작할 때 큰 자본금은 오히려 독이 될 수 있다. 여러분이 어떤 성격이든 간에 온라인 장사를 처음 진행할 때는 최대한 짠돌

이, 짠순이가 되어야 한다.

실제로 오프라인 장사는 온라인 장사에 비하면 경쟁자가 엄청나게 적다. 우리 동네에는 학생이 무척 많은데 떡볶이 가게는 10개 정도밖에 안 된다. 온라인 장사에서 10만 명이 넘는 경쟁자들을 보다가 오프라인 경쟁자들을 보면 한결 편안하게 느껴진다.

그렇다면 여러분이 경쟁자가 적은 오프라인 장사를 한다면 무조건 성공할 수 있을까? 경쟁자가 온라인 장사의 1,000분의 1도 안 되니 오프라인 장사는 열기만 하면 잘할 자신이 있는가? 단언컨대 아닐 것이다. 그런데 그보다 경쟁자가 몇 배는 더 많은 온라인 장사를 한 번에 성공하려고 있는 돈 없는 돈 모두 끌어 모아 쏟아 붓는다는 것은 정말 바보 같은 행동이다.

온라인 장사의 필승법은 5번 시도해서 1번은 성공하겠다는 각오로 하는 것이다. 그런데 그 5번의 성공을 오프라인 장사마냥 가지고 있는 모든 돈을 투자하면서 진행한다면 그건 온라인 장사의 장점을 잘 살리는 것이 못된다.

명심하자. 온라인 장사는 그 어렵다는 오프라인 장사보다 경쟁자가 훨씬 많다. 그러니 최대한 적은 금액으로 여러 번 시도하는 것이 정답이다.

그렇다면 대체 온라인 장사에서 자본금은 얼마나 들까? 이 부분은 본인만의 기준이 필요하고 또 플랫폼마다 다르기 때문에 함부로 말할 수 없다. 하지만 당근마켓 관련 강의나 책을 구매하는 비용을 제외하고 처음에 필요한 돈은 20~50만 원 정도면 된다. 상품을 직접 구해서 소식 페이지를 만들고 최소한의 광고비를 집행하는 데 드는 돈이다.

물론 이미 여러 번 말한 것처럼 광고비도 본인만의 기준이 필요하다. 한 상품을 실패했을 때 50~100만 원씩 손해를 본다면 나도 버틸 자신 없다. 나는 2~5만 원 정도 손해를 보면 스톱한다. 하지만 본인이 일평사장보다 좀 더 배포가 크고 더 테스트해 보고 싶다면 기준을 좀 더 높게 잡아도 괜찮다.
하지만 변하지 않는 것은 '적은 금액으로 여러 번 시도해야 한다.'는 것이다.

##  한 상품에 5만 원 투자, 다섯 상품 안에 성공하라

당근마켓에서 성공하려면 본질적으로 '적은 금액으로 여러 번' 시도해 봐야
한다. 내 수강생들 사례처럼 당근마켓의 장점을 살려서 성공하려면 어떻게
해야 할까? 그냥 상품 하나가 성공해서 매출이 오르는 정도가 아니라 아예
그 상품으로 브랜드를 낼 수 있을 정도의 성공 말이다.

앞서 말했듯이 당근마켓은 아직 많은 카테고리가 비어 있다. 만약 여러
분이 이 책을 잘 이해해서 당근마켓에서 통하는 상품을 찾는 눈이 생겼다면
여러분은 5번의 시도 안에 1번은 성공할 수 있을 것이다. 당근마켓에서 1번
의 성공은 단순히 매출의 상승을 의미하는 것이 아니라 하나의 사업 성공을
의미한다.

나는 수강생들에게 "당근마켓은 현재 카테고리별로 절대 강자가 없기
때문에 비어 있는 카테고리를 시도한다면 충분히 성공할 수 있다."는 말을
자주 한다. 하지만 조건이 하나 있다. 여기서 말하는 5번의 시도는 '과일'을
제외한 상품 판매를 말한다. 과일은 경쟁자가 너무 많고 절대 강자라고 부
를 수 있는 업체들을 정말 쉽게 찾을 수 있다.

오해할까 봐 설명하자면 과일은 당근마켓에서 가장 성공률이 높은 상품
이다. 그런데 여기서 과일을 제외한 이유는 자체 브랜딩이 어렵기 때문이
다. 내 수익의 대부분도 아직 과일이다. 여기서 말한 5번의 시도에 과일을

넣지 않는다는 것이지, 과일은 성공률이 정말 좋은 상품이니 여러분도 많이 시도해 보기 바란다.

최근에 크게 성공한 50대 여성분이 있다. 아쉽게도 아직 인터뷰를 하지 못해서 이 책에 인터뷰 내용을 담지는 못했다. 그분은 과일 외의 식품으로 성공했는데, 주문에 치여 정말 행복한 비명을 지르고 있다.

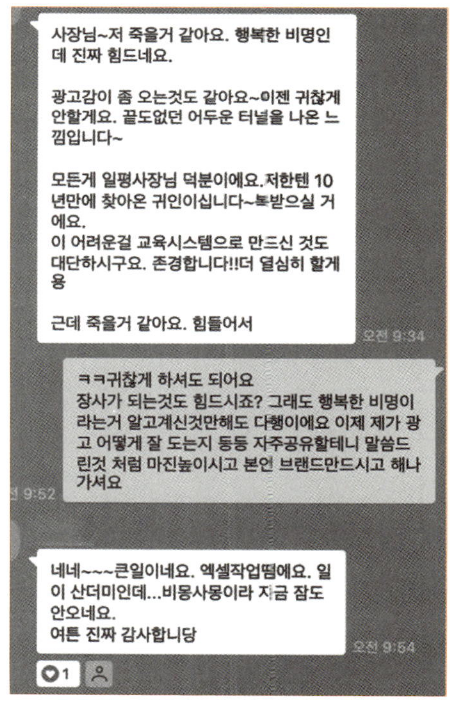


····› **수강생과 주고받은 밀려드는 주문량에 대한 채팅 화면**

이분의 광고 CPC는 얼마였을까? 광고비는 얼마였고 주문은 얼마나 들어왔을까?

| 비용 (VAT 포함) | 클릭률 | 클릭당 비용(CPC) | 노출 수 | 도달 수 | 단골 수 | 채팅 문의 수 | 전화 문의 수 |
|---|---|---|---|---|---|---|---|
| 135,190 | 5.45% | 110 | 22,582 | 20,713 | 70 | 48 | 3 |
| 166,540 | 5.54% | 110 | 27,371 | 25,907 | 40 | 50 | 1 |
| 24,420 | 3.75% | 110 | 5,922 | 5,508 | 5 | 8 | 1 |
| **326,150원**<br>총 비용 | **5.31%**<br>평균 클릭률 | **110원**<br>평균 클릭당 비용 | **55,875회**<br>총 노출 수 | **51,830명**<br>총 도달 수 | **115회**<br>총 단골 수 | **106회**<br>총 채팅 문의 수 | **5회**<br>총 전화 문의 수 |



오전 광고비 32만 원, CPC 110원, 주문은 110건 정도 받았다. 이분 말로는 오전 순수익이 약 60만 원 정도라고 했다.

반면에 가장 경쟁 강도가 강한 과일은 어떨까? 지금은 참외철인데 채팅 창을 보면 CPC가 160원이어도 노출이 안 되니, 200원까지 하니 어떠니 하면서 난리이다. 구매 전환율은 말할 것도 없다. 참외는 수백 명이 함께 도전하는 반면에 이 사장님의 상품은 경쟁자가 10명도 안 된다. 그러니까 수요는 비슷한데 경쟁자가 엄청나게 적어서 참외는 수백 명이 경쟁하고 나눠 먹기를 하는 반면에 이 사장님의 상품은 경쟁자도 적고 그 수요를 본인이 다 감당하는 것이다. (힘들게 감당할지라도 말이다.)

그러니 시도하라. 단, 현재 기준 과일처럼 모든 경쟁자가 있는 영역이 아닌 다른 영역을 도전하라. 위에서 말한 것처럼 제대로 된 상품만 고른다면 5번의 시도 안에 한 물건은 반응이 올 것이다.

또한 앞서 말한 것처럼 투자 금액보다는 투자 시간이 더 중요하니, 그냥 돈으로 밀어붙이는 시도가 아니라 신중하게 상품을 선택하고 테스트하는 시도를 해 보기 바란다. 한 상품에 모든 에너지를 쏟으며 도전하되, 손해 금액의 마지노선은 2~5만 원 정도로 잡기를 제안한다. 꼭 5만 원이 아니더라도 본인만의 마지노선은 반드시 필요하다.

# 광고에 집착하면
# 망한다

 **광고는 만능이 아니다**

누군가의 장사가 '광고 중심'으로 돌아간다면 그 장사의 미래는 좋지 않을 것이다. 장사는 누가 뭐래도 '상품 중심'으로 돌아가야 한다. 이렇게 말하는 나도 항상 '당근비즈니스'로 광고를 보고 있지만, 장사는 절대적으로 '상품' 중심이어야 한다.

내가 이걸 엄청나게 강조하기에 내 수강생들은 대부분 이 수칙을 잘 지킨다. 하지만 장사를 하다 보면 생각이 바뀌기도 한다.

내 강의 초창기에 성공한 사장님이 있다. 나는 비교도 안 될 정도로 성공했다. 특정인을 지목하게 될까 봐 누구라고 말은 못하지만 인터뷰도 한 적이 있다.

그런데 그분은 참외를 마지막으로 당근마켓을 떠났다. 아니 정확히는 여러 번 신고당하고 쫓겨났다. 휴대폰을 여러 개 만들어서 광고를 돌렸지만 결국 당근마켓을 접었다.

처음에 그분은 복숭아로 성공했는데 그때까지는 '상품'에 굉장히 집중했다. 하지만 어느 순간부터 광고 알고리즘이니 로직이니 하는 데 빠져 아예 상품은 등한시하고 광고에만 집중하기 시작했고, 쓰레기 같은 과일만 지속적으로 판매하다가 결국 여러 차례 경찰에 고소까지 되어 그만두게 되었다.

이 광고 알고리즘에 빠지는 논리는 아주 웃기다. "당근마켓에서 200만 원 이하 광고비는 아예 노출이 안 된다." 등의 이야기가 퍼진다. 그런데 어쩌다 200만 원 이상 광고비를 지출해서 성공하는 일이 생기면 모든 게 이 '로직' 덕분이 된다.

얼마 전에 한 수강생이 나한테 컨설팅까지 받고 성공했는데도 이런 질문을 했다.

"광고 설정 시에 안드로이드만 넣어야 노출시켜 준다는데 사실인가요?"

나는 당연히 그런 건 없다고 딱 잘라 이야기했다. 이것도 마찬가지다. 만약 '안드로이드'만 설정해서 광고에 성공했다면 그 논리는 정답이 되고, 그런 이야기를 하는 '사기꾼'들에게 계속 돈을 쓰고 속게 된다.

광고 알고리즘, 로직이라는 건 확실히 있다. 하지만 그건 자연스럽게 발생하는 것이지 당근마켓이 의도적으로 누군가를 돕기 위해 무언가 다른 의도를 가지고 만드는 것은 아니다.

안드로이드도 그렇다. 당근마켓을 이용하는 연령대가 높은 데다 우리가 주로 타깃으로 하는 50대 분들은 확실히 iOS보다 안드로이드, 즉 갤럭시를 사용하는 사람이 많다. 그러니 자연스럽게 iOS를 설정했을 때보다 안드로이드를 설정했을 때 노출이 빠른 것처럼 보이는 것이다. 누군가 조작하는 의도적인 게 아니다.

그렇다면 어찌 되었든 광고 로직이라는 건 존재하니 따르는 게 나쁘지 않은 것 아닌가? 맞다. 하지만 장사는 광고로만 이루어지는 게 아니다. 알고리즘을 이해한다고, 로직을 밝혀낸다고 안 되던 장사가 잘되고, 안 팔리던 게 팔리는 게 아니라는 것이다. 정말 미안하지만 여러분의 장사가 잘 안 되는 것은 광고 때문이 아니라 상품과 상세페이지 때문일 확률이 높다.

네이버 밴드나 쿠팡에서 장사를 크게 하는 사장님들도 엄청난 광고 기술로 장사하는 것 같지만 그렇지 않다. 오히려 그들이 광고를 돌리는 기술은 초보자들보다 '무식'하다. 그냥 광고비로 압도하면서 돌린다. 그래도 성공한다. 그들의 성공 기법은 광고 기술 따위가 아니기 때문이다. 그들은 좋은 상품을 저렴하게 떼어 오는 데 능숙한 사람들이지, 엄청난 광고 기술을 가진 사람들이 아니다. 그들처럼 성장하고 싶다면 상품에 집중해라.

그래도 일평사장은 뭔가 알고 있을 것 같은가? 일평사장이라는 사람은 현재 어떤 광고 세팅으로 돌리고 있는지 궁금한가? 그렇다면 내 수강생이라면 카톡으로, 수강생이 아니라면 이메일로 이렇게 질문하라.

"사장님 혹시 현재는 광고를 어떤 세팅으로 돌리시나요?"

이런 질문을 받는다면 나는 거침없이 내가 현재 돌리고 있는 광고 세팅을 알려 줄 수 있다. 그건 비밀 따위가 아니기 때문이다. 물론 내 광고 세팅이 광고쟁이들이 말하는 현재 로직에 적합할지는 모르겠다.

## 마케터에게 대행을 맡겨야 할까?

"광고 공식 대행 업체입니다. 무료로 광고를 집행해 드립니다."

이런 전화나 메시지를 한 번쯤은 받았을 것이다. 전문 광고 업체에서 내 광고를? 그것도 무료로 해 준다고? 덥석 계약하겠는가?

이렇게 이야기해 보자. 시골에서 농사짓는 할머니, 할아버지가 계신데 그들에게 누군가가 전화해서 이렇게 말한다.

"공식 농산물 업체입니다. 무료로 농사 지어 드리겠습니다."

할머니, 할아버지가 덥석 계약했다. 그렇다면 여러분은 그들에게 뭐라고 이야기하겠는가?

"오, 정말 좋은 기회를 잘 잡으셨네요. 축하드려요!"라고 하겠는가? 아니면 "그런 게 어디 있어요? 빨리 해지하세요. 다 뭔가 속셈이 있는 거예요."라고 하겠는가?

당연히 십중팔구 후자일 것이다. 나는 만약 수강생이 무료 마케팅 업체와 계약을 했다고 하면 똑같은 말을 해 주고 싶다.

나는 몇몇 광고 대행 업체에서 당근마켓 강의를 했는데, 그들은 놀라울 정도로 당근마켓에 대해 지식이 없었다. 물론 나에게 강의를 들은 곳은 양반이다. 배울 의지가 있는 것이니까….

정상적이고 유능한 광고 업체는 절대 여러분에게 무료로 광고 대행을 제안하지 않는다. 그들은 까다롭게 상품을 검수하고, 당연히 광고 비용을 요구한다.

그럼 비용을 지불하고 광고 대행을 맡기는 건 괜찮을까? 나는 추천하지 않는다. 무엇보다도 당근마켓 광고는 그렇게 어렵지 않고 혼자 배워도 충분히 이해할 만하다. 앞서 나는 '내 상품일 경우' 대한민국에서 가장 광고를 잘 운용한다고 말한 적이 있다. 그러니까 광고는 엄청난 기술이 아니라 관심이다. 여러분이 얼마를 주더라도 여러분만큼 여러분 상품에 관심 있는 사람은 없을 것이다.

그럼에도 내가 마케팅 회사를 추천하는 경우가 있는데 다음 2가지 조건을 충족할 때이다. 2가지 중에 하나라도 통과하면 고려해 보라는 것이 아니라 2가지 다 충족할 경우 광고 집행 마케터에게 맡기는 것을 고려해 보라는 것이다.

### → 첫째, 광고 금액 단위가 클 것

한 달에 100만 원, 200만 원 정도가 아니라 1,000만 원을 넘어갈 정도로 광고를 집행하고 있다면 광고 업체를 고려할 수 있다. 큰 금액을 집행하는 것은 확실히 전문 마케터들이 나을 수 있기 때문이다.

### → 둘째, 네이버 스마트스토어일 것

네이버 스마트스토어일 경우 당근마켓과 달리 시스템이 어렵고 광고 종류가 다양해서 상품에 따라 이것저것 시도해 볼 수 있는 마케터를 활용하는 것이 도움이 될 수 있다.

정리하면 이미 광고비를 많이 쓸 수 있을 만큼 성공한 상태에서, 당근마켓이 아닌 네이버 스마트스토어처럼 시스템이 복잡한 곳이라면 광고 집행 마케터를 활용하는 것을 고려해 보라는 것이다. 그런 경우에도 여러분에게 전화해서 들이대는 업체를 쓰는 것이 아니라 정말 신중히 고려해서 좋은 마케터를 찾았으면 한다. 여러분이 일반인이고 처음 장사를 시작했다면 광고 마케터를 활용하는 것은 꿈도 꾸지 말고, 천천히 광고를 배우면서 진행해 나갔으면 한다.

나는 대체로 마케팅 업체나 마케터를 별로 좋아하지 않는데, 딱 한 명 좋은 사람을 찾은 적이 있다. 도○교수라고 네이버 스마트스토어 전문 마케터인데, 이분과 강의를 같이 찍고 싶어서 내가 먼저 이것저것 프로젝트도 제안할 정도이다.

이렇게 믿을 만한 마케터들은 장사하는 사람들 사이에서 소문을 타고 서로 협력 관계가 된다. 그러니 여러분에게 먼저 연락해서 무료로 광고를 해주겠다느니, 1개월 서비스를 주겠다느니 어쩌고 하는 업체들은 믿고 거르기 바란다.

# 소자본 장사의
# 기본 원칙을 지켜야 성공한다

## 인터넷에는 사기꾼이 많다

흔히 말하는 마케터에게 돈을 투자했다가 피해를 본 사람이 아주 많다. 그들을 구제해 준다거나 범죄자들을 찾아서 처벌받게 한다거나 하는 직접적인 액션은 하지 못하지만 초보 장사꾼 사장님들에게 피해 사례들을 꼭 알려주고 싶다.

얼마 전에 내가 강의에서 당근마켓으로 '챗GPT로 사주풀이'를 제작하여 판매하는 법을 공유한 적이 있는데 그 방법을 똑같이 베껴서 인스타그램에서 300만 원에 판매한 마케터도 있었다. 그 마케터는 정작 당근마켓 광고에 대한 건 아무것도 모르고 사주풀이를 만들어 내는 방법만 가르치고 300만

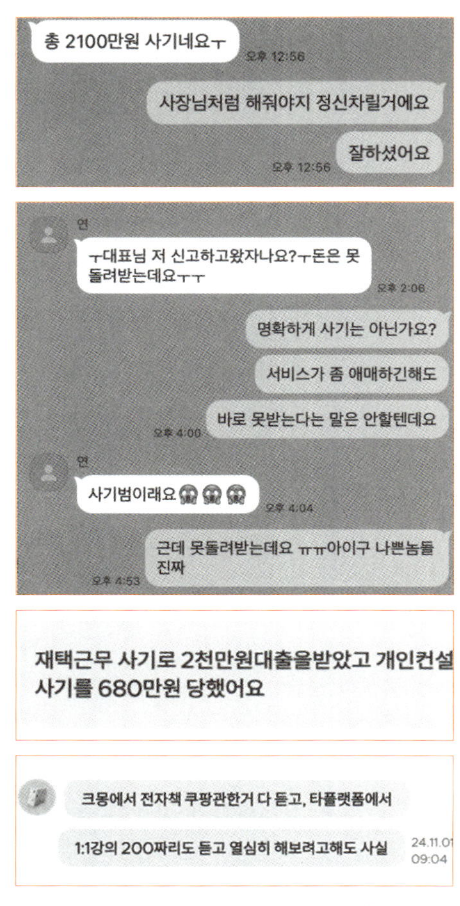


⋯ **개설 시 전화 온 마케팅 업체에게 사기당한 수강생과 주고받은 채팅 화면**

원씩 받은 것이다.

비단 이것뿐인가? 꽤 유명한 네이버 스마트스토어 전문 유튜버가 운영하는 네이버 카페가 있는데, 거기서 200만 원짜리 스마트스토어 대량 등록 프로그램을 판매하고 있다. 사기꾼들도 나쁜 놈이지만, 이런 비밀 카페 같은 곳에서 200만 원, 2,000만 원씩 소비하는 사장님들도 도저히 이해가 안 된다.

나는 크몽, 클래스유, 클래스101처럼 양지에서 활동한다. 그곳에서는 후기 하나가 치명적이라 수강생 질문에 대한 답변도 잘하고 수강생들과 관계도 돈독하게 유지한다. 이상한 자료를 공유했다가는 시쳇말로 나락 갈 수 있으니 자료도 정말 잘 관리한다. 나에게 이 정도는 영어 강사 때부터 이어 오던 너무 당연한 상식이다.

그런데 장사 업계는 다른 것일까? 나는 도저히 이해가 안 된다. 저렇게 네이버 카페에서, 심지어 나쁜 댓글이나 조금이라도 부정적인 글은 다 지워지는 저들만을 위한 공간에 몇백만 원 심지어 몇천만 원을 투자한다고?

제발 정신 차리자. 초보 사장님들이라면 더더욱 경각심을 갖자. 직장이 전쟁터라면 장사는 야생이다. 200만 원만 지불하면 여러분을 부자로 만들어 주겠다고? 그러면 본인더러 직접 팔아 보라고 하라. 왜 본인은 그 대단한 기술로 장사를 하지 않고 여러분만 부자 만들어 주겠다고 하는가?

나는 명확히 말하지만 '장사꾼'이지 마케터가 아니다. 절대 남의 스토어를 대행하거나 관리해 주는 일은 하지 않는다. 그게 얼마나 막중한 책임감이 필요한 일인지 알고 있고 행여나 내가 한다고 해서 잘된다는 보장도 할 수 없다.

다시 말하지만, 장사에 '뿅' 하고 부자가 되는 마법 같은 기술 따위는 없다. 자칭 '마케터'라는 사람들의 말은 내가 하는 말보다 더 매력적이다. 내가 하는 말들이 얼마나 "국영수 중심으로 공부하세요."처럼 재미없게 들리는지 알고 있다.

| **일평사장** | "상품에 집중해라." |
| --- | --- |
| **자칭 마케터** | "비밀의 광고 로직만 알고 있으면 된다." |
| **일평사장** | "광고는 테스트다. 내 상품을 구매할 광고 타깃을 찾아내자." |
| **자칭 마케터** | "대량 등록 프로그램만 있으면 모든 게 해결된다. 단돈 200만 원이면 부자가 되는 거다." |
| **일평사장** | "테스트해 보고 구매 전환율이 높은 상세페이지를 이용하라." |
| **자칭 마케터** | "후킹은 사기다! 후킹 같은 게 중요한 게 아니라 광고의 비밀이 있다. 이것만 알면 부자가 된다." |

장사의 지름길을 찾고 싶은 여러분의 마음을 잘 알고 있지만 생각해 보자. 우리가 직장에서 월급을 받기 위해 얼마나 노력을 해 왔는가? 그것보다 훨씬 큰돈을 벌 수 있는 게 장사인데 그냥 프로그램 하나로, 마법 같은 비법 하나로 해결할 수 있다는 게 말이 되는가?

## 🥕 온라인 '장사'도 '장사'다

마지막으로 이 책을 읽는 여러분에게 한마디 하자면 바로 이것이다. '온라인 장사도 결국은 장사'라는 것이다.

우리는 온라인 장사에 진입하는 것을 굉장히 무서워한다. 특히 광고에 대해 두려움이 있다. 뭔가 내가 모르는 엄청난 세계인 것 같고, 함부로 만졌다간 뭔가가 잘못돼서 되돌릴 수 없는 어딘가로 빠져 버릴 거라고 생각하는 듯하다. 특히 연령대가 높은 분들이 그렇게 생각한다. 하지만 이 책에서 내가 성공 사례로 언급한 사람들만 봐도 온라인 장사는 결국 장사라는 걸 알수 있다.

### → 결혼 6개월 앞두고 퇴사한 사장님

이 사장님은 아직도 광고를 전문가모드가 아닌 간편모드로 집행한다. 그 이유는 간단하다. 간편모드가 훨씬 더 보기 쉽기 때문이다. 그럼 이분의 성공 비법은 무엇일까? 남들보다 빠르게 시즌 물건을 찾아서 가져오는 것이다. 우리가 고객으로서 생각해 보자. 수박이 슬슬 생각나는 시점에 저렴한 가격에 인터넷에 올라왔다. 한 번은 혹하지 않겠는가?

### → 월 50만 원 벌려고 시작했는데 500만 원 버는 사장님

이 사장님의 비법은 1번도 테스트, 2번도 테스트, 3번도 테스트이다. 팔리는 물건을 발견한 이후에는 계속 새로운 상세페이지와 광고 타깃을 테스트한다.

### → 주 6일 트럭기사에서 하루 수익 200만 원 셀러가 된 사장님

이분이 처음 본인의 성공 방정식을 나에게 가져왔을 때 나는 이분은 반드시 성공할 거라고 믿었다.

"사장님! 마진이 1만 원이 남는 물건이니까 50명에게 한 건만 팔아도 엄청 수익이에요!"

이게 이분의 성공 방정식이었다. 이게 뭐 대단한 이야기인가 싶지만, 특별한 광고 마술 따위가 아니라 아주 단순하게 장사 원리로만 계산한 것이다. 그 방정식에 맞춰 엄청난 전투력으로 상품을 위탁해 왔고 현재 두 물건

연속으로 성공했다.

### → 창업센터에서 만든 밀키트로 성공한 사장님

본인의 성공 방정식이 있는 분이다. 바로 '내 상품의 타깃은 당근마켓에 몰려 있다.'라는 것이다. 이게 단순하고 별거 아닌 것 같지만 "당근마켓으로 들어가면 돈 번다더라.", "특별한 방법이 있는데 그것만 하면 돈 번다더라." 가 아니라 처음부터 성공 전략을 만들어서 당근마켓에 들어온 것이다.

### → 장사가 잘돼서 제주도에 밭을 산 사장님

제주도에 밭을 보러 다니는 것과 새벽에 가락시장에서 과일을 보러 다니는 것이 일상인 분이다. 이 사장님의 철학은 본인이 직접 먹어 보고 만족한 과일만 판매한다는 것이다. 당연히 성공했다. 나의 경우 과일 위탁처와 농장을 많이 알고 있어서 직접 과일을 사 먹는 일이 거의 없는데 이분 과일만큼은 믿고 구매한다.

### → 자신의 브랜드를 낸 50대 주부 사장님

이분은 나를 만난 것이 성공의 비법인 줄 알지만 사실 아니다. 이분의 성공 비법은 바로 끈기였다. 회사에서 노력하는 건 어렵지 않다. 왜냐하면 돈을 주기 때문이다. 하지만 집에서 내가 될지 안 될지 모르는 온라인 장사를 위해서, 그것도 누구 하나 칭찬은커녕 가족들에게 잔소리나 안 들으면 다행인 온라인 장사를 위해서 방광염에 걸릴 정도로 업체에 전화를 돌리는 끈기 말이다.

어떤가? 우리가 아는 온라인 장사로 성공했다는 유튜브나 인스타그램에서 본 사람들과 많이 다르지 않은가? 유튜브나 인스타그램에서는 컴퓨터 앞에 앉아서 복잡한 데이터가 뜬 모니터를 보며 키보드로 연신 '타다닥' 소리를 내면서 장사를 해야 성공하는 것처럼 보인다. 그런데 정작 성공한 사장님들은 좋은 물건을 찾기 위해 매일 아침 가락시장에 가거나, 방광염에 걸릴 정도로 업체에 전화를 돌리거나, 복잡한 광고 창 같은 것은 아예 보지 않고 장사를 한다.

나는 자신 있게 말할 수 있다. 여러분이 장사로 성공하고 싶고 그 무대를 찾고 있다면 단언컨대 당근마켓은 사활을 걸고 도전하기에 완벽한 시장이라고…. 하지만 사활을 걸고 에너지를 쓰더라도 엉뚱한 곳에 쓴다면 '필패'한다. 여러분이 알맞은 곳에 에너지를 쓴다면 '필승'할 것이다. 다시 말하지만 당근마켓은 사활을 걸고 도전했을 때 절대 배신하지 않는 시장이다.

# 아이 셋 둔 직장인이
# 당근으로 성공하다

인터뷰 영상 보기

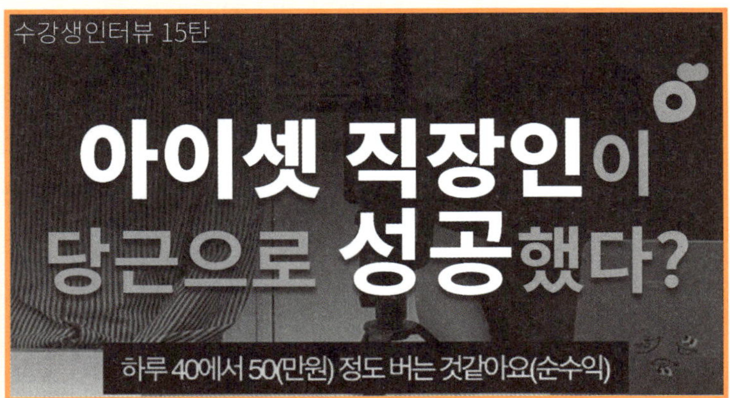


유튜브 「일평사장」 수강생 인터뷰

저는 직장인에 대한 편견이 있었습니다. 2024년에 강의를 시작하면서 생긴 편견인데 바로 '장사를 진심으로 배우지 않는다.'는 것이었습니다. 제가 초기에 만났던 직장인들은 모두 퇴근한 뒤 독서모임 참여하듯이 가볍게 강의를 듣는 분이 대부분이었거든요. 하지만 이후 많은 직장인 수강생을 만나면서 자연스럽게 이 편견은 깨졌습니다.

특히 지금 소개하는 이분은 '나는 이렇게 할 수 있을까?'라는 생각이 들 정도로 열심히 사셨습니다. 우선 이분은 자녀가 3명이나 있고, 직장도 흔히 말하는 짱짱한 곳이라 굳이 장사를 배우지 않아도 될 정도로 보였습니다. 하지만 이 사장님은 부동산 투자를 목표로 하고 있었고, 자녀들도 여유롭게 양육하기 위해 온라인 장사를 선택하셨습니다.

이 사장님께 나누었던 대화 중에 아주 인상적인 말이 있습니다.

제가 "어떻게 그렇게 열심히 할 수 있으신가요?"라고 묻자 이렇게 말씀하셨습니다.

"나에게는 당근에서 성공하는 것이 선택의 문제가 아니었습니다."

또 초반에 낭설에 속아 광고비를 몇백만 원씩 손해 본 것에 대해서는 이렇게 말씀하셨습니다.

"장사든 사업이든 돈을 벌기 위해서는 돈을 벌 준비가 되어 있어야 하는데 그 당시 나는 그 정도 지식과 경험이 없었습니다."

인터뷰를 하면 저는 장사 관련한 부분에서 사장님들에게 많은 조언을 드리는데, 오히려 사장님들을 통해 인간적으로 성숙해진다는 생각을 자주 하게 됩니다. 인간적으로 성숙해지는 것은 평생 가는 것이니 오히려 제가 더 배우는 것이 많은 것이죠.

# 집에서 일하는 '일평사장' 실전 미션 3가지

# 수익이 나는 상품 찾기

## 상품 찾기 체크리스트

자, 이제 시작이다. 당근마켓 사이트에 익숙해지기, 비즈프로필 통과하기 같은 부가적인 것들을 제외하면 상품 찾는 것이 장사의 첫 시작이다. 우선 다음 리스트를 보고 물건을 찾기 전에 당근마켓에서 팔아 볼 만하다고 느끼는 상품들을 리스트업해 보자. 팔리는 상품의 3단계는 다음과 같다. 하지만 이건 일평사장의 기준일 뿐이다. 그래서 시즌성(유행성)이 아닌 물건도 잘 팔리는 경우가 많다.

### 1. 대형 키워드일 것

① 월 검색량이 '최소' 1만 건 이상이어야 한다.

② 네이버 스마트스토어에서 활발하게 판매되고 있어야 한다.

## 2. 시즌성(유행성)일 것

① 3년 기준 같은 시즌에 판매가 활발해야 한다.

② 판매 진입 시점의 기준으로 볼 것은 '맛, 가격, 타이밍'이다.

## 3. 연령대가 높은 상품일 것

① 정확히 특정 연령대는 존재하지 않는다.

② 아직까지는 10~20대의 타깃이 좋았던 적이 없다.

③ 40대 이후부터 성공 사례가 가장 많다.

④ 50대 이후부터는 클릭율 대비 구매 전환이 다소 떨어지는데, 친절함으로 구매
  전환을 높일 수 있다.

## 상품 찾기 정리표

실제로 다음 표는 엑셀 형식으로 내가 직접 사용하는 것이다. QR코드로 접
속하면 내가 사용하는 파일을 다운받을 스 있다.

상품 찾기 정리표 다운로드 QR 코드

## 상품리스트 정리 예시

| 상품명 | 6개월 시장 규모 | 월검색량 | 평균가격 | 선호연령대 |
| --- | --- | --- | --- | --- |
| 짭짤이토마토 | 12억 3,342만 원 | 63,570 | 32,310원 | 50대 |
| 비트 | 2억 7,365만 원 | 219,600 | 12,890원 | 50대 |
|  |  |  |  |  |
|  |  |  |  |  |
|  |  |  |  |  |
|  |  |  |  |  |
|  |  |  |  |  |
|  |  |  |  |  |

*평균가격 – 네이버 동일 상품 상품 5개 더한 값을 5로 나눈 것

## 위탁처 정리 예시

| 상품명 | 카페 | 인스타그램 | 벤더사 | 오프라인 |
|---|---|---|---|---|
| 짭짤이토마토 | 짭짤이 농장직송<br>010-7508-**** | 람*네 토마토 | 프레시*스트 | 경동시장 |
| | 경*농장<br>010-6800-**** | 남*으 식탁 | 신**드 DH | 가락시장 |
| | 이*농장<br>010-7611-**** | **나트마토 | | |
| | 티*프유통<br>010-3385-**** | | | |

| 상품명 | 카페 | 인스타그램 | 벤더사 | 오프라인 |
|---|---|---|---|---|
| | | | | |
| | | | | |
| | | | | |

| 상품명 | 카페 | 인스타그램 | 벤더사 | 오프라인 |
|---|---|---|---|---|
| | | | | |
| | | | | |
| | | | | |

| 상품명 | 카페 | 인스타그램 | 벤더사 | 오프라인 |
|---|---|---|---|---|
| | | | | |
| | | | | |
| | | | | |

# 광고 운영 스킬 익히기

## 광고 집행 체크리스트

좋은 광고란 분명 '싸게 잘 팔아 주는 광고'일 것이다. 여기서 '잘 팔아 준다.' 는 개념은 사실상 이 다음 단계인 소식 페이지에서 더욱 중요할 테니, 어떻게 보면 좋은 광고란 '싸게 도는 광고'를 의미한다. 광고가 저렴하게 집행되기 위해서는 무엇이 중요할까?

정답은 당연히 낮은 CPC이다. 나는 지금 참외에서 초당옥수수로 갈아 타서 판매를 하고 있다. 참외를 파는 사람들은 CPC가 160원이니 200원이니 하고 있지만, 초당옥수수는 현재 CPC가 100원 그러니까 부가세를 포함해서 110원이다. 그럼 이 CPC는 어떻게 정해지는 걸까?

## CPC가 정해지는 원리

높은 클릭율 → 낮은 CPC

## 높은 클릭율을 위해 중요한 것

① 타깃 : 연령대, 성별, 시간, 지역

② 후킹 : 이미지, 제목 문구, 상품 자체

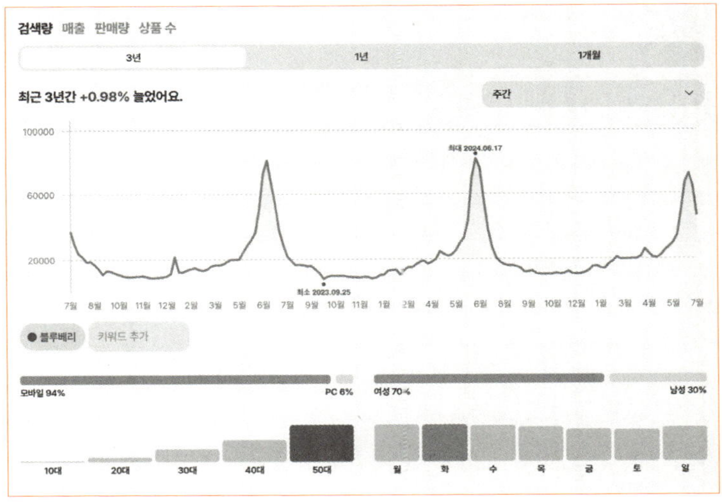


···→ **키워드 '블루베리' 정보 요약 화면**

예시한 '블루베리' 상품이 있다면 내 타깃은 누구일까? 1차적으로 50대 여성이 될 것이다. 그리고 들어가는 진입 시점은 5~6월이 적당할 것이다. 지역은 어떻게 해야 할까? 결국 테스트이지만, 경험적으로 서울과 수도권은 CPC가 높게 잡히는 경향이 있으니 수도권과 비수도권 혹은 지역별로 따로 나눠서 테스트해 보는 게 중요하다.

이 성과 정리표는 당근마켓에 보고서 기능이 없었을 때 많이 사용했다. 현재는 당근마켓 내에 보고서 기능이 있어서 의미가 많이 없어졌지만 여전히 간편모드를 집행하거나 따로 정리해서 사용하는 걸 좋아하는 사람들은 아래 QR코드를 통해 다운받아 사용하는 것을 추천한다.

**광고 집행 성과표 다운로드 QR 코드**

## 광고 집행 성과 정리 예시

| 타깃 | | DAY 1 | DAY 2 | DAY 3 | DAY 4 | DAY 5 | DAY 6 | DAY 7 |
|---|---|---|---|---|---|---|---|---|
| 여성,<br>40대,<br>전국 | 광고비 | 5,000원 | 5,000원 | 5,000원 | 5,000원 | 10,000원 | 10,000원 | 20,000원 |
| | 유입 수 | 40 | 35 | 45 | 40 | 120 | 110 | 180 |
| | 채팅 수 | 3 | 1 | 2 | 1 | 2 | 3 | 5 |

| 타깃 | | DAY 1 | DAY 2 | DAY 3 | DAY 4 | DAY 5 | DAY 6 | DAY 7 |
|---|---|---|---|---|---|---|---|---|
| | | | | | | | | |
| | | | | | | | | |
| | | | | | | | | |

| 타깃 | | DAY 1 | DAY 2 | DAY 3 | DAY 4 | DAY 5 | DAY 6 | DAY 7 |
|---|---|---|---|---|---|---|---|---|
| | | | | | | | | |
| | | | | | | | | |
| | | | | | | | | |

| 타깃 | | DAY 1 | DAY 2 | DAY 3 | DAY 4 | DAY 5 | DAY 6 | DAY 7 |
|---|---|---|---|---|---|---|---|---|
| | | | | | | | | |
| | | | | | | | | |
| | | | | | | | | |

| 타깃 | | DAY 1 | DAY 2 | DAY 3 | DAY 4 | DAY 5 | DAY 6 | DAY 7 |
|---|---|---|---|---|---|---|---|---|
| | | | | | | | | |
| | | | | | | | | |
| | | | | | | | | |

| 타깃 | | DAY 1 | DAY 2 | DAY 3 | DAY 4 | DAY 5 | DAY 6 | DAY 7 |
|---|---|---|---|---|---|---|---|---|
| | | | | | | | | |
| | | | | | | | | |
| | | | | | | | | |

# 구매를 부르는 판매 전략 세우기

## 상세페이지 제작 체크리스트

당근마켓과 네이버 스마트스토어 상세페이지의 차이점을 다시 한 번 분석해 보자.

| 당근마켓 | 네이버 스마트스토어 |
| --- | --- |
| 고객들이 검색 없이 들어온다. | 고객들이 검색을 하고 들어온다. |
| 후기보다는 상세페이지 내용에 의존한다. | 후기에 많이 의존한다. |
| 글과 이미지로 설득이 중요하다. | 화려한 영상과 이미지로 중요한 것만 강조한다. |
| 고객들이 글을 읽는다. | 고객들이 글을 읽지 않는다. |

상세페이지는 숙제처럼 만드는 것이 아니다. 내가 정한 상품을 열심히 찾아서 상세페이지를 제작한다면 이 상품에 대해 하고 싶은 이야기가 넘치게 된다. 숙제하듯이 억지로 쓰는 것이 아니라 내가 고객들에게 전하고자 하는 내용을 소식 페이지에 꽉꽉 채워 넣어야 한다.

**소식(상세) 페이지 내용 체크리스트**

□ 쓸데없는 서사 넣지 않기

□ 명확하게 신뢰도 주기

□ 가격 메리트가 있는 상품임을 알리기

□ 구매 방법을 적절하게 알리기

□ 타깃 연령을 설득하기

### 상세페이지 테스트 비교표

상세페이지 테스트 비교표는 앞서 말한 광고 집행 성과 정리표와 함께 있을 때 의미가 있다. 상세페이지는 광고 없이는 테스트가 거의 불가능하기 때문이다.

제작한 상세페이지가 매력적인지 아닌지는 내가 판단하는 것이 아니라 고객들이 판단하는 것이다. 그래서 무엇보다 중요한 게 AB 테스트이다. AB 테스트는 동일한 상황에서 하는 것이 중요한데 까다롭게 동일한 상황을 만들자면 끝이 없다. 그래서 동일한 상황을 세팅하기보다는 '동시에' 테스트해서 결과를 보는 것이 중요하다.

나는 사실 여러 상세페이지를 테스트하지는 않는다. 상세페이지 하나를 열심히 만들고 광고 효과만 테스트한다. 그 효과가 만족스럽지 않으면 그때 상세페이지를 바꾼다. 특히 이 단계에서는 이전 단계들을 잘 나누는 것이 중요하다. 상세페이지를 테스트한다는 것은 잘 팔리는가 안 팔리는가를 분석하는 것인데 이 단계에서 어쭙잖게 광고 타깃을 건드리는 사람들이 있다. 3단계를 다시 한 번 점검하자.

| 상황 분석 : 다음 2단계에서 문제가 없으면 소식 페이지를 수정해야 한다. | OX |
|---|---|
| 1. 상품 자체<br>– 상품 자체가 일평사장이 말한 기준에 적합하는가? | |
| 2. 노출<br>– 클릭률이 충분히 높고 평가하기에 유의미한 수치를 가지고 있는가?<br>　(최소 500명 이상) | |
| **소식 페이지 내부에서 점검 사항** | |
| 1. 상품 자체가 타깃과 맞게 소개되었는가?<br>– 상품 자체는 구매 전환 단계에서 한 번 더 영향을 미칠 수 있다. 여러분이 정한 물건이 고객 타깃과 맞는지 한 번 더 점검하자.<br>　예) 흑염소즙을 50대에게 판매하면서 임신이 잘된다고 강조한다면 50대에게 맞는 상품으로 느껴지지 않을 것이다. | |
| 2. 가격이 매력적인가?<br>– 마트에서 매일 볼 수 있는 과일처럼 고객들이 가격 평가가 용이한 물건일수록 매력적인 가격을 정하는 것이 중요하다. | |
| 3. 신뢰도를 주고 있는가?<br>– 당근마켓은 쿠팡이나 네이버가 아니다. 검색해서 구매하는 것이 아니기 때문에 소식 페이지 안에서 신뢰도를 주는 것이 중요하다. | |